I am Sandwich

이 도서의 국립중앙도서관 출판시도서목록(CIP)은 e-CIP 홈페이지(http://www.nl.go.kr/ecip)와 국가자료공동목록시스템(http://www.nl.go.kr/kolisnet)에서 이용하실 수 있습니다.(CIP제어번호: CIP2012001453)

아이 엠 샌드위치

민현경 지음

design house

prologue

샌드위치는 명랑하고 스마트한 음식이다

'나 홀로' 식사도 스타일리시하게 만들어주는 마법 같은 무언가가 있고, 음식 장만의 노역을 가볍게 날려주는 유쾌한 무언가가 있을뿐더러 차린 것 없이도 흥거운 파티 분위기를 만들어주는 다이내믹한 무언가가 있다. 그뿐이랴, 끼니를 해결함과 동시에 내가 현재 어디서 무얼 먹고 있는지 사랑하는 나의 '친구'들에게 실시간으로 알려야 하는 '시대의 임무'를 가볍히 완수할 수 있게 해주는 미덕까지 갖추었다.

이 미워할 수 없는 음식을 누군가가 나를 위해 만들어주기를 바라지 말자. 우리는 '스마트 시대'에 살고 있지 않은가? 스스로 만들어 먹는 즐거움은 생각보다 크고 성공할 확률은 더욱 높다. 왜냐고? 알다시피, 샌드위치는 이미 만들어진(ready-made) 재료를 새롭게 구성하는 방식으로 완성하는 음식이니 말이다. 샌드위치를 만들기 위해 빵을 직접 굽거나, 햄 또는 치즈를 직접 만들어야 한다고 생각하는 사람은 없을 것이다. 이미 만들어진 물건을 '선택'하는 일만으로 현대미술이라는 새 시대를 연 마르셀 뒤샹처럼, 인용문만으로 자신의 독창적인 사유를 펼쳤던 현대의 어느 저명한 문예 비평가처럼. 이제 우리는 준비된 식자재를 '선택'하는 일만으로도 매우 창조적인 샌드위치 메이커가 될 수 있는 시대에 살고 있다.

요리 경험이나 주방 기술이라는 구속에서 자유로울 수 있는 것이 샌드위치가 갖는 명랑함이자 특권이다. 호기심과 입맛만 있다면 누구든 맛있고 훌륭한 샌드위치를 만들 수 있을 것이라는 생각은 10여 년 전 샌드위치 가게를 열었을 때부터 지금까지 한 번도 변한 적이 없다. 나 역시 주방에서 요구되는 기술도, 지식도 없이 샌드위치 바를 시작하면서 크게 두려워하지 않았던 이유는, 나의 무모함이 일부 연루되었음은 부정할 수 없겠으나, 샌드위치의 이러한 '현대적' 특징을 잘 이해하고 있었던 덕분이었을 것이다.

돌이켜 보면 지난 10여 년간 더바도포(The Bar-dopo)에서 무척이나 다양하고 이색적인 샌드위치를 시도했다. 모두 나를 포함하여 더바도포 주방과 인연을 맺은 많은 사람들의 입맛과 손맛, 상상력 그리고 아마존에서 구한 요리책들을 벗 삼아 얻게 된 지식과 낯선 재료들을 맛보며 터득하는 과정에서 탄생한 샌드위치들일 뿐, 외국의 유명 요리 학교의 교육을 통해서라거나 정통이라고 알려진 기존의 방식을 따른 것은 하나도 없었다. 바로 이런 점 덕분에 더바도포가 관성의 따분함에서 벗어나 새로운 스타일의 샌드위치를 선보일 수 있었다고 생각한다.

주방에서 시도한 것 중 어떤 것은 정식 메뉴로 낙점된 것도 있지만, 만드는 과정의 번거로움, 재료 구입의 어려움, 지나친 개성(?) 또는 오히려 만들기가 너무 쉬운 것이 이유가 되어 실험 메뉴에 머무르게 된 (맛있는) 것들도 있다. 이 책에서는 이런 것을 많이 담아보려 했다.

2002년 출판된 책을 오랜만에 다시 들여다보았다. 그동안 더바도포 샌드위치가 하나도 변하지 않았을 거라고 여겼는데 생각보다 많이 바뀌었다는 것을 알게 되었다. 7~8년 전만 해도 루콜라 같은 채소는 좀처럼 구하기 어려웠고, 취향과 입맛에 따라 선택할 수 있는 치즈나 햄 또한 무척 제한적이었다. 치아바타와 잉글리시 머핀을 사기 위해 시내 특급 호텔 베이커리를 들락거리던 시절이 마치 '꾹꾹 눌러야 했던' 휴대폰 시절을 떠올리는 것만큼이나 아득하다. 하루가 다르게 새로이 등장하는 다양한 빵은 말할 것도 없고 트러플 오일에서 타히니에 이르기까지 요즘은 없는 재료가 없다. 더바도포의 샌드위치가 10년 전과 많이 달라진 이유일 것이다.

'이래야 한다'는 규범이나 원칙을 고집하지 않는 샌드위치의 자유분방함과 너그러움은 질투가 날 정도로 부럽다. 올리브 오일에서 고춧가루에 이르기까지 '네가 누구든, 어떻게 생겼든 우리는 너를 환영할 것이다!'라고 말하는 듯, 샌드위치는 그 어떤 시도에 대해 '안 돼!'라고 말하는 법이 없다.

그러니 이제 가벼운 마음으로 샌드위치 세계를 한번 기웃거려보자. 선택의 즐거움, 만드는 즐거움, 맛보는 즐거움이 있을 테고, 주변 친구들이 맛있게 먹어주기라도 한다면 그 기쁨은 또 얼마나 크겠는가. 사 먹는 일이 너무 흔해져버린 이 시대에 직접 만들어 먹는 일만큼 근사한 일이 있을까? 주방 친숙도 제로에 해당한다며 한숨짓는 도시의 스마트한 남녀들이여! 이제 냉장고에 있는 토마토 하나를 꺼내 시작해 보시라. 와인 한잔을 홀짝이며, 음악을 들으며…. 끼니 해결이라는 귀찮은 일상사가 '예상외의 즐거움'이 되는 것은 물론이고 '비로소 독립'이라는 의외의 소득까지 경험할 테니 말이다.

독자 여러분의 크고 작은 주방에서 좌충우돌과 논쟁, 직관과 논리가 총동원된 '샌드위치 만들기' 광경을 호기심 가득 상상해본다.

2012년 4월
서초동 더바도포에서
민현경

contents

prologue | 샌드위치는 명랑하고 스마트한 음식이다 004
how to make a good sandwich | 샌드위치, 이렇게 하면 잘 만들 수 있다! 014
sauce story | 샌드위치의 비밀, 스프레드와 드레싱 016

    햄 앤드 오렌지 샌드위치 032
    햄 앤드 애플 샌드위치 034
    투스칸 고구마 샌드위치 036
    블루 브리를 곁들인 햄과 아보카도 샌드위치 040
    아보카도와 생오이채 그리고 염소 치즈 샌드위치 042
    모로칸 닭 가슴살 샌드위치 044
    양송이를 곁들인 팬프라이드 닭 가슴살 샌드위치 048
    복숭아 처트니와 브리를 곁들인 닭 가슴살 샌드위치 050
    카망베르 앤드 사과 핑거 오픈 샌드위치 052
    살구소스 돼지고기 파스트라미 샌드위치 054
    체리와 아몬드를 곁들인 라디치오 샌드위치 056

bread story | 샌드위치의 '트루 맛' 빵에 달려 있다 060

    오이 라이타를 곁들인 타프나드 가지 파니니 064
    올리브 페스토 선드라이드 토마토 샌드위치 068
    세 가지 와인 안주 모둠 072
    제이미 올리버 토마토 샐러드 074
    모차렐라를 곁들인 토마토 살사 076
    영국식 애프터눈 샌드위치 080

herb story | 샌드위치 맛의 포인트, 허브 084
vegetable story | 채소의 선택과 관리, 맛있는 샌드위치로 가는 지름길 086

    구운 홍피망과 염소 치즈를 곁들인 샌드위치 090
    잡곡빵에 올려 먹는 아보카도 핑거 샌드위치 092
    구운 피망을 곁들인 시금치와 파르마 샌드위치 096
    후무스 버섯 샌드위치 098

mediterranean wanderer | 지중해 음식의 역사는 지금도 우리의 식탁 위를 방랑하고 있다 104
spice story | 천일야화처럼 신비롭고 유혹적인 향신료들 106

    케이퍼 드레싱을 올린 구운 가지 라디치오 샐러드 110
    지중해식 샌드위치 112

레몬 비네그레트 드레싱을 곁들인 훈제 연어와 케이퍼 샌드위치　114

베이컨 드레싱을 올린 시금치 샌드위치　116

이탤리언 멜트 샌드위치　118

무화과 처트니를 곁들인 비프 파스트라미 샌드위치　120

감자와 베이컨 파니니　122

호스래디시 로스트비프 샌드위치　124

차치키를 곁들인 연어 샌드위치　126

차치키를 곁들인 연어 샐러드　128

참치 파니니　130

피크닉을 위한 포카차 샌드위치 케이크　132

ham story　|　**햄, 샌드위치 제국의 왕자**　134

비프 파스트라미에 구운 호박과 그뤼에르를 얹은 샌드위치　138

포카차에 로즈메리 햄을 얹은 샌드위치　140

프로슈토, 루콜라, 파르미자노 레자노 플래터　142

프로슈토와 토마토 살사 샌드위치　144

살짝 구운 프로슈토 샌드위치　146

참기름 발사믹을 곁들인 로스트비프 샌드위치　148

cheese story　|　**치즈, 샌드위치의 연인**　150

모르타델라와 모둠 채소 샌드위치　154

그릴드 가지와 주키니, 페타와 안초비를 올린 샌드위치　156

그리스식 샐러드　158

토스트 치즈 샌드위치　160

그릴드 치즈 샌드위치　162

살라미와 루콜라를 얹은 파니니 샌드위치　164

구운 햄과 볶은 배추 샌드위치　168

바바 가누슈를 곁들인 그릴드 채소 샌드위치　170

beverage story　|　**샌드위치의 청량제, 음료**　172

shop information　|　**샌드위치와 어울리는 빵, 어디에서 구할까?**　176

　　　　　　　　　　샌드위치에 넣는 이국적인 재료, 어디에서 구할까?　178

the Bar-dopo 더바도포　180

단골의 한마디　182

special thanks to…　186

how to make a good sandwich
샌드위치, 이렇게 하면 잘 만들 수 있다!

1. 주재료는 섞지 않는다

개별 재료 하나하나의 존재감을 살려주자. 모든 재료를 다 함께 버무려 만든 '사라다'풍의 샌드위치가 가끔 그리울 때도 있지만, 선택한 재료의 품질이 좋을수록, 재료의 개성이 잘 살아 있을수록 재료 고유의 성질이 그대로 유지되도록 하는 것이 좋다.

2. 부재료는 여러 가지를 섞어서 만든다

스프레드나 소스, 드레싱 등 맛의 조화에 기여할 재료는 여러 가지를 섞을수록 맛이 난다. 간장에 식초나 와사비를 섞거나 삼겹살 구이용 소금에 참기름이나 후추를 섞듯이.

3. 빨리 만들어야 맛있다

일단 재료가 모두 준비되면 기록 경쟁에 나서기라도 한 듯 빨리 만들어야 한다. 재료에 절대로 한 번 이상 손이 가지 않도록 하겠다는 굳은 결의라도 해야 할 정도다. 재료를 만지작거리는 횟수에 비례해 맛은 떨어진다. '빨리빨리'가 미덕으로 추앙받는 유일한 경우가 아닐까.

4. 샌드위치의 상극은 축축한 물기라는 것을 아는 것만으로도 절반은 성공

샌드위치에 넣을 모든 재료에서 수분을 얼마나 제거할 수 있느냐가 맛있는 샌드위치 만들기의 관건이다. 기분 좋은 샌드위치란 바삭하거나, 말랑말랑하거나, 아니면 쫄깃쫄깃한 것을 뜻한다. 샌드위치가 아무리 너그럽다 해도 물컹하거나 축축한 것만은 용서하기 어려울 것이다.

5. 재료의 본질과 속성을 알면, 성공률 100%

방법은? (의외로) 쉽다. 먹어보는 것이다. 대충 뚝딱 만들어도 너무나 맛있는 된장찌개를 끓일 수 있는 비결은 무엇일까. 사용하는 재료의 속성을 모두 꿰고 있기 때문일 것이다. 된장의 맛은 물론, 호박이 연한 채소인지 질긴 채소인지, 청양고추가 맵다면 어떻게 매운지(매운맛도 매우 다양한 층위가 존재한다) 알고 있기 때문이다. 로스트비프에 곁들일 호스래디시가 톡 쏘는 맛인지, 고소한 맛인지 파악하고 있다면 결과는 당연히, 해피엔딩이다.

6. 욕심을 내지 않는다

비싸고 좋은 재료를 많이 넣는다고 해서 맛있는 샌드위치를 만들 수 있는 건 (절대) 아니다. 샤넬 드레스에 전위적인 꼼데가르송 재킷을 걸치고 섹시한 돌체 앤 가바나 잇 백을 걸친다고 최고의 멋쟁이가 되는 것이 아닌 것처럼. 개성 강한 재료가 두 가지 이상 들어가면 맛은 중심을 잃고 헤메기 시작한다. 욕심을 버리자(생각보다 좀 어려운 일이긴 하다).

sauce story

샌드위치의 비밀, 스프레드와 드레싱(spread and dressing)

샌드위치 세계에 시상식이 열린다면 최우수 조연 배우상은 단연코 스프레드와 드레싱 그리고 다양한 이름으로 불리는 소스에 돌아가야 할 것이다. 이들 조연 배우들이 펼치는 발군의 연기가 뒷받침되지 않았다면 주연 배우의 연기도 그리 빛나지 않을 터. 때론 진지하게, 때론 익살맞게 적재적소에서 제 역할을 하는 이들의 존재가 없다면 샌드위치에 그 어떤 스타 재료를 사용한다 해도 세련된 맛의 샌드위치를 구현하기 어려울 것이다. 더바도포에서 활약하는 일군의 조연 배우들을 (흔치 않은) 이번 무대를 통해 모두 소개해볼까 한다.

디종 머스터드(dijon mustard)

중세 프랑스 부르고뉴 디종 지방에서 처음 생겨나 지금껏 이어지고 있으며,
연한 노란색을 띠고 부드러우면서도 매운맛을 내는 머스터드이다.
은근한 자극이 자칫 지루해질 수 있는 맛에 생기를 준다.

그레인 머스터드(grain mustard)

머스터드 씨를 갈지 않고 통째로 넣어 만든 머스터드로 디종 머스터드보다
조금 투박한 듯한 맛이 나며 닭고기나 햄 같은 재료와 잘 어울린다.

머스터드 마요네즈(mustard mayonnaise)

그레인 머스터드와 마요네즈를 1:3 비율로 혼합해 만든다.
머스터드의 톡 쏘는 자극과 마요네즈의 고소함이 적절히 어울리며 샌드위치의 맛을 살려준다.

허브를 넣은 올리브 오일(herb olive oil)

올리브 오일에 타임이나 로즈메리, 오레가노 같은 같은 허브를 취향대로 넣어 만든다.
페페론치노 같은 이탈리아 고추를 넣어 매운맛 오일을 만들기도 한다.

(왼쪽부터 시계 방향으로) 디종 머스터드, 그레인 머스터드, 허브를 넣은 올리브 오일, 머스터드 마요네즈

레몬 비네그레트 드레싱(lemon vinaigrette dressing)

올리브 오일 1½컵, 화이트 비니거 ¼컵, 신선한 레몬주스 ¼컵, 소금 ¼작은술, 후춧가루 ½작은술, 말린 오레가노 1작은술, 으깬 마늘 2쪽을 모두 넣고 섞는다. 냉장고에 넣어 차게 해서 먹어야 제맛이 나고 재료가 가라앉아 있으므로 드레싱을 할 때마다 흔들어 사용한다. 이 드레싱은 채소의 싱싱한 맛을 더욱 청량하게 해준다.

타히니(tahini)

타히니는 볶은 참깨를 식물성 오일에 섞은 것을 말하며, 이태원 식재료 상점에서 구할 수 있지만 직접 만드는 것도 그리 어렵지 않다. 볶은 참깨와 식물성 오일(올리브 오일이나 포도씨유, 식용유)을 4:1의 비율로 믹서에 갈면 된다. 처음엔 빽빽한 것 같지만 참깨에서 오일이 나올 때 까지 천천히 끈기 있게 갈아준다.

머스터드 드레싱(mustard dressing)

화이트 와인 식초 12큰술, 올리브 오일 4큰술, 소금 ½작은술, 꿀 2큰술, 홀 그레인 머스터드 2큰술을 뚜껑이 잘 맞는 드레싱 병에 넣어 잘 흔들어 섞는다. 적당히 새콤하고 은근히 달콤하다.

참기름 발사믹 소스(sesame oil balsamic sauce)

참기름, 발사믹, 그레인 머스터드, 올리브 오일을 1:2:2:3 비율로 섞고, 소금과 후춧가루를 약간 넣어 잘 혼합한다. 상상할 수 있듯이, 매우 고소하고 새콤하다.

(왼쪽부터 시계 방향으로) 타히니, 레몬 비네그레트 드레싱, 머스터드 드레싱, 참기름 발사믹 소스

오이 라이타(cucumber raita)

요리에 곁들여 먹는 소스인 라이타는 요구르트에 오이, 양파, 당근 등 다양한 채소를 넣어 만든다.
인도, 파키스탄, 방글라데시 등지에서는 커민이나 코리앤더 같은
강렬한 향의 향신료를 넣어 만든 라이타가 식탁에 자주 오른다고 한다.

오이 1개를 세로 방향으로 길게 반으로 갈라 씨를 제거하고 한 번 더 세로로 잘라 깍둑썰기를 한다. 여기에 달지 않은 플레인 요구르트 180g, 레몬즙 4작은술, 페퍼민트 4g, 다진 적양파 30g, 소금, 후춧가루를 넣고 섞는다.

바바 가누슈(baba ghanoush)

구운 가지로 만든 중동식 마요네즈쯤으로 해석할 수 있다.
직화로 가지의 껍데기를 태우듯이 구워 껍질을 벗긴 후 각종 허브와 향신료, 올리브 오일을
혼합해 만든 소스다. 레바논, 이집트, 이스라엘, 터키, 그리스, 인도 등 중동과 이슬람 국가에서
각기 다른 이름으로 애용하고 있다. 소스를 한번 먹어보면 피데나 난 같은 화덕에 구운 빵에
곁들여 먹으면 맛있겠다는 생각이 저절로 든다.

구워서 껍질을 벗긴 가지 3개 분량에 엑스트라 버진 올리브 오일 1큰술, 타히니 ½큰술, 마늘 1쪽, 레몬즙 ¾큰술을 넣어 믹서에 간 후 맛을 봐가며 코리앤더나 캐러웨이, 커민 가루, 소금, 후춧가루를 조금씩 넣어가며 입맛에 맞게 완성한다.

스파이시 토마토 렐리시(spicy tomato relish)

토마토케첩에 매콤하고 새콤한 맛을 강화했다고 할 수 있는 소스.
더바도포에서는 달콤한 고구마 샌드위치에 이용한다.

소스 팬에 올리브 오일 ⅓큰술을 두르고 다진 양파 ¼컵을 볶다가 다진 마늘 1작은술, 잘게 썬 홍피망 ¼컵을 넣고 1~2분 더 볶는다. 여기에 토마토 홀 100g, 고춧가루 ½큰술, 레드 와인 식초 1작은술, 설탕 1작은술, 소금과 후춧가루 약간씩을 넣고 소스가 끓어오를 기미가 보일 때까지 중간 불에서 끓인 후 약한 불에서 5분간 더 끓인다.

(왼쪽부터 시계 방향으로) 오이 라이타, 바바 가누슈, 스파이시 토마토 렐리시

처트니(chutney)란 채소, 과일, 견과류, 향신료, 식초 등을 넣어 중간 불에 오랫동안 뭉근히 졸여 만드는 인도의 저장 식품이다. 서양의 잼과 비슷하다고 이해하면 무리가 없다. 책에서 사용한 무화과 처트니는 전남 목포 산지에서 구한 무화과로 더바도포 주방에서 직접 만들어 숙성시킨 것이고, 복숭아 처트니 또한 늦여름 가락시장에서 구매한 복숭아로 직접 만든 것이다.

무화과 처트니(6컵 분량)

커다란 소스 팬에 무화과 1kg, 씨를 뺀 사과 700g, 다진 흰 양파 200g, 황설탕 400g, 건포도 160g, 몰트 식초 500ml, 화이트 와인 250ml, 토마토 페이스트 60ml, 머스터드 씨 1작은술, 으깬 마늘 1쪽, 계핏가루 1작은술, 카다몸 가루 1작은술을 넣고 저어가며 약한 불에 1시간 30분 정도 끓인다. 완성되면 식기 전에 소독한 유리병에 넣는다. 서늘하고 어두운 곳에 3~4개월 정도 보관한다. 먹기 시작한 후에는 냉장고에 보관한다.

복숭아 처트니(약 4컵 분량)

소스 팬에 씨를 뺀 복숭아 750g, 다진 흰 양파 400g, 황설탕 400g, 몰트 식초 500ml, 정향(클로브) 2개, 다진 생강 3작은술, 으깬 마늘 2쪽, 레몬주스 60ml와 삼베 주머니에 넣은 통후추 8~10알, 마른 홍고추 4개, 계피 줄기 1개를 넣고 1시간 30분 정도 약한 불에 저어가며 끓인다. 어느 정도 완성되었으면 삼베 주머니를 꺼낸다. 처트니가 완성되면 식기 전에 소독한 유리병에 넣는다. 서늘하고 어두운 곳에 3~4개월 정도 보관한다. 먹기 시작한 후에는 냉장고에 보관한다.

살구 처트니(약 1½컵 분량)

씨를 뺀 후 잘게 썰어놓은 살구 200g, 다진 양파 ¼컵, 설탕·식초 ½컵씩, 소금 ½작은술, 매운 카레 가루 ½큰술, 머스터드 씨 1작은술을 커다란 소스 팬에 넣고 설탕이 녹을 때까지 잘 섞어가며 끓인다. 어느 정도 끓으면 중간 불에서 약 30분 정도 계속 저어가며 걸쭉해질 때까지 더 끓인다. 완전히 식힌 후 뚜껑이 있는 용기에 담아 공기가 들어가지 않도록 뚜껑을 꼭 닫은 후 냉장고에 보관한다. 살구소스는 만든 지 약 3~4주 후에 가장 맛있다.

페스토(pesto)란 바질, 파슬리 등의 채소류를 절구에 찧어 올리브 오일과 치즈 간 것을 섞어 만든 소스를 말한다. 이탈리아 제노아에서 시작되었으며 페스토란 '찧는 것'을 의미하는 제노아 어에서 유래했다고 한다. 바질 페스토, 올리브 페스토가 가장 대표적인 페스토이며, 이외에도 루콜라 페스토, 피망 페스토도 있다고 한다. 더바도포에서는 전문 식재료상에서 구한 것을 사용하지만 직접 만들어보고 싶다면 아래의 레시피를 추천한다.

바질 페스토(basil pesto)

믹서에 잣 ⅓컵과 신선한 바질 잎 2컵을 넣고 몇 번 돌린 후 마늘 3쪽을 넣고 더 돌린다. 여기에 천천히 엑스트라 버진 올리브 오일 ½컵을 넣고 가루로 만든 파르미자노 레자노 치즈 ½컵과 소금, 후춧가루 약간을 넣어 잘 섞는다.

올리브 페스토(olive pesto)

마늘 2쪽에 파슬리 약간, 로즈메리 약간을 넣고 빻아 놓는다. 믹서에 씨를 뺀 올리브(그린 또는 블랙 올리브) 150g, 가루로 만든 파르미자노 레자노 치즈 4큰술, 빻아놓은 마늘과 허브를 넣은 후에 엑스트라 버진 올리브 오일 5큰술을 천천히 넣어가며 간다. 취향에 따라 바질을 조금 넣어도 된다.

후무스(hummus)

이집트콩(칙피) 100g은 하루 저녁 찬물에 담가 불린 후에 (이미 불려 있는 캔 제품을 사용하면,이 과정은 필요 없다) 물을 넉넉하게 붓고 푹 삶는다. 뜨거울 물에서 건져내 올리브 오일 2큰술, 으깬 마늘 ½작은술, 레몬즙 4큰술, 타히니 4큰술, 콩 삶은 물 4큰술, 소금과 커민 약간을 모두 믹서에 넣고 간다. 믹서에서 꺼내 완전히 식힌 후, 표면에 올리브 오일을 약간 부어 공기 접촉을 최대한 막아 냉장 보관한다.

타프나드(tapenade)

씨를 뺀 블랙 올리브 250g과 안초비 50g, 케이퍼 1큰술을 잘게 다진 후(믹서에 넣고 갈아도 무방) 마늘 2쪽, 바질 15g, 레몬제스트, 레몬즙(레몬 1개 분량), 엑스트라 버진 올리브 오일 185ml를 넣고 잘 혼합한다. 이렇게 만든 타프나드는 후무스와 동일하게 표면에 올리브 오일을 바르고 밀폐 용기에 담아 냉장고에 1개월 정도 보관해 사용할 수 있다.

베이컨 드레싱(bacon dressing)

프라이팬에 잘게 다진 베이컨 1장과 작은 양파 ¼개를 순서대로 바삭하게 볶는다. 불을 줄인 후 올리브 오일 1작은술을 넣어 따뜻해지면 꺼내 약간의 꿀 또는 갈색 설탕 ⅓큰술과 셰리비니거 1큰술을 넣는다.

케이퍼 드레싱(caper dressing)

화이트 와인 비니거(또는 동일 분량의 레몬즙) 1큰술, 케이퍼(또는 케이퍼베리) 1큰술, 으깬 마늘 1쪽, 엑스트라 버진 올리브 오일 2큰술, 파르미자노 레자노 치즈(치즈용 강판에 간 것) ½컵을 모두 잘 섞는다.

차치키(tzatziki)

오이 130g(즙을 짠 후 60g 정도)을 강판에 갈아 즙을 짜낸 후 사워크림 25g, 딜 2g, 으깬 마늘 ½쪽, 다진 양파 10g, 소금, 후춧가루 약간을 모두 넣고 혼합한다.

양파 잼(onion jam)

작은 양파 1개를 얇게 썰어 올리브 오일 ¼컵을 두르고 볶는다. 여기에 발사믹 식초 1작은술, 황설탕 2작은술을 넣고 약 30분간 조린다.

모로칸(morocan style sauce)

토마토 페이스트 150g, 올리브 오일 2작은술, 향신료(코리앤더 씨, 캐러웨이 씨, 커민, 레드칠리페퍼 약간), 소금 ½큰술, 마늘 3쪽, 소금에 절인 레몬을 모두 믹서에 넣어 간다.

스위트 토마토 소스(sweet tomato sauce)

소스 팬에 올리브 오일 1큰술을 두르고 잘게 썬 홍피망 2큰술을 볶다가 토마토 홀 100g, 발사믹 식초·레드 와인 식초 1큰술씩, 설탕 ¼컵, 소금 ½큰술을 넣고 중간 불에서 잘 저어가며 30분간 끓인다. 토마토 홀은 나무 주걱으로 살살 으깨며 젓는다. 다 되면 케이퍼 ½큰술을 넣고 약 5분간 더 끓이면 스위트 토마토 소스가 완성된다. 만든 소스는 차게 식혀 냉장고에 보관한다.

토마토 살사(tomato salsa)

먹기 좋은 크기로 자른 토마토(방울토마토 3~4개, 토마토 ¼개), 얇게 썬 블랙 올리브 3~4개, 셀러리, 바질, 양파를 적당량 준비하고, 여기에 올리브 오일 2큰술과 화이트 와인 식초를 1큰술(2:1 비율) 넣고 소금과 후춧가루를 기호에 맞게 넣어 혼합한다.

일러두기

※ 이 책의 재료 계량에 사용한 측정 단위는 아래와 같다.

1큰술 = 보통 사용하는 숟가락 하나 정도의 분량
1작은술 = 보통 가정에서 많이 사용하는 작은 티스푼으로 하나 정도의 분량
1컵 = 약 200cc(종이컵 하나 정도의 분량)

※ 별도의 설명이 없다면 모든 레시피의 적양파는 0.2cm 두께로 얇게 썬 것이다.

ham and orange with truffle cream

햄 앤드 오렌지 샌드위치

재료

잡곡 치아바타 1개
롤라로사(이탈리아 적상추) 2~3장
적양파 약간
0.2cm 두께로 썬 햄 2~3장
0.7cm 두께로 썬 오렌지 2조각
경수채 약간
머스터드 마요네즈 약간

만드는 법
----

1. 잡곡 치아바타를 반으로 갈라 토스터에 구운 후 머스터드 마요네즈를 적당히 바른다.
2. 적양파를 놓고 그 위에 롤라로사 2~3장을 겹쳐 자리를 잡는다.
3. 햄과 오렌지, 경수채를 차례로 올린다.
4. 기호에 따라 오렌지에 새콤달콤한 트러플 크림이나 발사믹 크림을 곁들여도 좋다.

ham and apple

햄 앤드 애플 샌드위치

재료

흰 식빵(우유 식빵) 3장
0.2cm 두께로 얇게 썬 햄 3~4장
0.3cm 두께로 얇게 썬 사과 3~4장
적양파 약간
롤라로사와 그린 비타민 약간
머스터드 마요네즈 약간

만드는 법
----

1. 준비한 식빵 3장을 파니니 기계 또는 토스터에 굽는다(굽지 않은 맨 빵을 사용해도 된다).
2. 바닥에 놓을 식빵 한 면에 머스터드 마요네즈를 살짝 바르고 그 위에 얇게 썬 적양파를 적당히 올린다.
3. 햄을 자연스럽게 접어서 그 위에 올린다.
4. 껍질을 벗기지 않은 채 얇게 썬 사과를 적당량 올린다
 (사과의 단맛이 너무 강하게 느껴지지 않도록 적당량만 얹는다).
5. 빵 한 장을 올리고 머스터드 마요네즈를 펴 바른 후 롤라로사와 그린 비타민을 적당히 올린다.
6. 나머지 빵 한 면에 머스터드 마요네즈를 살짝 바른 후 채소 위에 덮는다.
 기호에 따라 통후추를 살짝 뿌려도 좋다.

Tip _ 3단 샌드위치를 만들 때는 무거운 재료를 아래에 깔고 가벼운 재료를 위에 올린다. 사과는 같은 양을 사용한다고 할 때 두껍게 썰어 올리는 것보다는 얇게 썰어 겹쳐 올려 먹는 게 더 맛있다. 계절에 따라 사과 대신 토마토, 오렌지, 파인애플 등으로 재료를 바꾸어 만들어도 좋다.

tuscan kumara

투스칸 고구마 샌드위치

재료

로즈메리빵(no-knead 방식으로 더바도포에서 직접 구운 빵) 1개

0.7cm 정도 두께로 썬 오븐에 구운 고구마 4~5개

적양파 약간

드라이 오레가노 약간

고다 약간

시금치 잎 6~7장

0.2cm 두께로 채썰듯이 썬 홍피망 3~4개

머스터드 마요네즈 약간

스파이시 토마토 렐리시(만드는 법 023p 참조)

Tip _ 쿠마라(kumara)는 남태평양 폴리네시아 사람들이 고구마를 부르는 말이다. 이 샌드위치 만드는 법을 가르쳐준 친구가 뉴질랜드 출신인 루이즈 킨레드라 고구마 대신 '쿠마라'라는 이름을 붙었다. 고구마와 음절도 같고 운율도 비슷해 샌드위치 이름으로 그만이었다.

투스칸 고구마 샌드위치 만드는 법
----

1. 로즈메리빵을 반으로 자르고 한쪽에 만들어놓은
스파이시 토마토 렐리시를 적당히 바른다.
2. 그 위에 얇게 썬 적양파를 올린다.
3. 구운 고구마 조각을 골고루 올리고, 그 위에 드라이 오레가노를 약간 뿌린 후,
고다를 3~4조각 올린다.
4. 홍피망과 시금치 잎을 적당히 올린다.
5. 로즈메리빵 나머지 한쪽에 머스터드 마요네즈를 약간 바른 후
덮고 파니니 기계에서 굽는다.

Tip _ 노 니드 브레드(no-knead bread)란 손으로 치대며 반죽할 필요 없이 섞기만 하는 빵을 의미한다. 만드는 법은 다음과 같다. 강력분 500g, 인스턴트 드라이 이스트 1작은술, 소금 2작은술, 물 500ml를 볼에 담아 섞은 후에 랩을 씌워 실온에서 최소 12시간 발효시킨다. 원하는 크기로 떼어 둥글게 만들어 천으로 덮어 2시간 더 발효시킨 후 오븐에서 230℃로 굽는다.

avocado and blue brie

블루 브리를 곁들인 햄과 아보카도 샌드위치

재료

잡곡빵 2장
작게 조각 낸 블루 브리 1개
0.5cm 두께로 자른 아보카도 4~5조각
다진 흰 양파 약간
햄 2장
루콜라 약간
올리브 오일 약간

만드는 법
----

1. 잡곡빵을 살짝 토스트한 후 아보카도를 골고루 놓고 다진 양파를 살짝 뿌리듯 올린다.
2. 햄을 구불구불하게 말아서 아보카도 위에 올리고 루콜라를 살짝 놓는다.
3. 루콜라 위에 블루 브리 조각을 올린다. 기호에 따라 올리브 오일을 첨가한다.

Tip _ 아보카도만으로도 충분하니 마요네즈나 크림치즈 같은 별도의 스프레드는 바르지 않아도 된다. 푹 익은 아보카도라면 빵 위에 살짝 으깨어 스프레드처럼 사용해도 좋다. 블루 브리는 작은 조각만으로 풍미를 충분히 느낄 수 있으니 너무 많이 넣지 않는 게 좋다.

avocado, cucumber and goat cheese

아보카도와 생오이채 그리고 염소 치즈 샌드위치

재료

1~1.5cm 두께로 자른 바게트 2장
으깬 아보카도 2~3큰술
청오이 ½개
염소 치즈 4~5작은술
올리브 오일 약간
소금·후춧가루 약간씩

만드는 법
----

1. 아보카도를 으깨어 염소 치즈와 섞어 준비한다.
2. 바게트를 1~1.5cm 두께로 적당히 자른 후 올리브 오일을 살짝 바른다.
3. 그 위에 준비한 ①을 기호에 맞게 올리고 소금을 살짝 뿌린다.
4. 가늘게 채 썬 오이를 수북이 올리고 염소 치즈를 조금 더 골고루 배치하고 후춧가루를 뿌린다.

Tip _ 아보카도를 자를 때는, 아보카도를 한 손에 들고 머리 부분에서 꼭지에 이르는 세로 방향으로 칼집을 넣고(딱딱한 씨에 부딪히는 부분까지) 나머지 반쪽을 같은 방법으로 완전한 원 형태로 칼집을 낸 후 연다. 아보카도는 짙은 보랏빛으로 익은 것이 좋다. 오이는 씨 부분을 제거해 아삭한 맛이 살아 있어야 부드러운 아보카도와 함께했을 때 질리지 않는다.

grilled chicken in morocan style

모로칸 닭 가슴살 샌드위치

재료

피자 도(dough)로 만든 빵 1개
닭 가슴살 한 덩어리(50g)
소금·후춧가루 약간씩
얇게 썬 할루미 2~3조각
경수채 약간
0.2cm 두께로 썬 흰 양파 약간
0.3cm 얇게 썬 레몬 1~2개
모로칸 1컵(만드는 법 029p)

모로칸 닭 가슴살 샌드위치 만드는 법
----

1. 소금으로 간한 닭 가슴살을 모로칸 식으로 마리네이트해
냉장고에서 소스 맛이 충분히 밸 때까지 3~4시간 재워둔다.
2. 마리네이트해 준비해둔 닭 가슴살을 그릴에 구워 적당한 두께로 썰어놓는다
(그릴에 구워 닭고기가 약간 탄 듯 해야 맛있다).
3. 피자 도로 만든 빵 1개를 반으로 갈라 살짝 팬에 굽는다.
4. 흰 양파를 얇게 썰어 빵 위에 살짝 깔고, 구운 닭 가슴살을 올린다.
5. 닭 가슴살 위에 팬에 구운 할루미를 얹고, 얇게 썰어 팬에 구운 레몬을 올린다
(소스에 이미 레몬이 들어가므로 레몬 맛을 별로 좋아하지 않는다면
굳이 별도로 더 얹지 않아도 좋다).
6. 경수채를 적당히 올린 후 나머지 빵 한 쪽을 덮는다.

Tip _ 1. 더바도포에서는 매일 피자 도를 준비하기 때문에 도를 활용해 만든 빵을 이용했다. 피자 도를 구하기 어렵다면 가까운 베이커리에서 맛이 담백한 빵 중 마음에 드는 것을 골라 사용하면 된다. 2. 모로칸에 넣는 소금에 절인 레몬은 식자재 가게에서 구매할 수 있기 때문에 애써 만들지 않아도 된다.

pan-fried chicken breast with baked button mushroom

양송이를 곁들인 팬프라이드 닭 가슴살 샌드위치

재료

잡곡빵 2장
닭 가슴살 1덩어리(50g)
0.3cm 두께로 자른 양파 링 5~7장
0.5cm 두께로 자른 양송이 10조각
바질 페스토 2작은술
올리브 오일 4~5큰술
소금·후춧가루 약간씩
디종 머스터드 약간
로즈메리 약간
다진 마늘 1작은술

만드는 법

----

1. 닭 가슴살에 소금, 후춧가루, 로즈메리, 다진 마늘, 올리브 오일 넣어 밑간을 한다.
2. 올리브 오일을 살짝 두른 팬에 양파와 양송이를 넣고 센 불에 재빨리 구워낸 후 소금과 후춧가루로 간을 한다.
3. 준비된 닭 가슴살을 올리브 오일을 두른 팬이나 그릴에 완전히(약간 탄 듯) 익혀 먹기 좋은 크기로 어슷하게 썰어놓는다.
4. 빵을 팬이나 토스터에 굽는다.
5. 구운 빵에 디종 머스터드를 살짝 바르고 준비한 닭 가슴살, 양송이, 양파 링을 차례로 얹고 바질 페스토를 두세 군데 올린 후 나머지 빵을 덮는다.

pan-fried chicken with peach chutney and brie

복숭아 처트니와 브리를 곁들인 닭 가슴살 샌드위치

재료

치아바타 1개, 닭 가슴살 1덩어리(50g)
올리브 오일 4~5큰술, 다진 마늘 1작은술
로즈메리·소금·후춧가루 약간씩
브리 2~3조각
복숭아 처트니 2~3작은술(만드는 법 025p 참조)
0.3cm 두께로 썬 블랙 올리브 3~4개, 오크 잎 약간
0.2cm 두께로 썬 홍피망 약간
적양파·머스터드 마요네즈 약간씩

만드는 법

1. 닭 가슴살 한 덩어리에 올리브 오일, 다진 마늘, 로즈메리 약간, 소금과 후춧가루를 약간 뿌려 3~4시간 냉장고에 재워둔다.
2. 미리네이트한 닭고기를 그릴이나 팬에 노릇하게 구워 먹기 좋게 썰어놓는다.
3. 치아바타를 반으로 갈라 살짝 구운 후 머스터드 마요네즈를 약간 펴 바른다.
4. 적양파를 적당히 올리고 ②를 적당히 올린 후 채 썬 홍피망과 얇게 썬 블랙 올리브를 얹는다.
5. 브리를 2~3조각 올리고 복숭아 처트니를 적당히 얹는다.
6. 싱싱한 오크 잎을 올린 후 나머지 빵을 덮는다.

Tip _ 닭 가슴살은 생각보다 잘 익지 않기 때문에 살짝 저며서 굽거나 덮개를 닫은 팬에 구우면 도움이 된다.

camembert and apple

카망베르 앤드 사과 핑거 오픈 샌드위치

재료

80% 잡곡빵 1장
바질 페스토 ¼작은술
카망베르 1조각
사과 1조각
이탈리아 파슬리 약간

만드는 법

1. 80% 잡곡빵을 얇게 자른다.
2. 그 위에 바질 페스토를 얇게 바른다.
3. 카망베르 1조각과 0.3cm 정도로 얇게 썬 사과 1조각을 올린다.
4. 이탈리아 파슬리를 약간 얹어 완성한다.

Tip _ 전형적인 독일식의 밀도 높은 잡곡빵에 이탈리아 바질 페스토를 바르고 프랑스의 대표적인 노르망디 치즈인 카망베르를 얹어 완성한 만든 오픈 샌드위치다. 와인을 마실 때 즉석에서 만들어 먹을 수 있는 메뉴다. 빵이 없으면 짭짤한 크래커를 이용해도 좋다.

pork pastrami with apricot chutney

살구소스 돼지고기 파스트라미 샌드위치

재료

호밀빵(또는 잡곡빵) 1개
살구 처트니 1큰술(만드는 법 025p 참조)
돼지고기 파스트라미 4장
홍피망(또는 노란 파프리카) ¼개
0.3cm 두께로 썬 양파 링 3개
그레인 머스터드 드레싱 1큰술(만드는 법 019p 참조)
머스터드 마요네즈 1½큰술(만드는 법 019p 참조)
무순 약간
통후추 약간

만드는 법

1. 큰 덩어리로 된 호밀빵을 1cm 두께로 2장 썰어놓는다.
2. 빵 한 면에 살구 처트니를 얇게 펴 바르고 0.3cm 두께로 썬 돼지고기 파스트라미, 채 썬 피망, 0.3cm 두께로 썬 양파 링, 무순을 차례로 올린다.
3. 그레인 머스터드 드레싱을 채소 위에 살짝 뿌린다.
4. 다른 빵 한 면에 만들어둔 머스터드 마요네즈를 살구 처트니 양보다 약간 더 많이 발라 살짝 덮고, 통후추를 갈아서 뿌린다.

Tip _ 사진처럼 오픈 샌드위치로 만들고자 한다면 한 가지 색보다는 두세 가지 색의 피망을 섞어 사용하고 양파도 붉은 것을 사용하면 좋다. 화려한 색의 조화로 샌드위치가 보다 먹음직스러워 보인다.

radicchio with cherry and almond

체리와 아몬드를 곁들인 라디치오 샌드위치

재료

잡곡빵 2장

체리 5~7개

아몬드 3~5개

라디치오 2~3장

루콜라 · 이탈리아 파슬리 약간씩

마스카포네 1~2큰술

올리브 오일 1큰술

발사믹 1작은술

체리와 아몬드를 곁들인 라디치오 샌드위치 만드는 법
- -
1. 샐러드 볼에 한 입 크기로 자른 라디치오와 루콜라, 이탈리아 파슬리를 담고
반을 갈라 씨를 뺀 체리와 아몬드를 잘라 넣은 후,
올리브 오일과 발사믹 식초를 3:1 비율로 혼합한 드레싱을 넣어 섞는다.
2. 잡곡빵을 살짝 굽는다.
3. 빵 위에 마스카포네를 적당량 바른다(마스카포네 대신
리코타를 사용해도 좋고, 진한 맛의 치즈를 원한다면 염소 치즈도 잘 어울린다).
4. 그 위에 준비해둔 ①의 샐러드를 적당량 올린다.

Tip _ 이탈리아어로 라디키오(radicchio)라 부르는 보랏빛 잎채소인 라디치오는 쌉싸래한 맛이 특징이다. 규모가 큰 슈퍼마켓이나 마트에 가면 어렵지 않게 구할 수 있다.

bread story

샌드위치의 '트루 맛' 빵에 달려 있다

빵의 전성시대다. 세상의 모든 꽃이 일제히 활짝 핀다는 '백화제방(百花齊放)'이란 말은 바로 요즘의 제빵업계를 두고 하는 말일 것이다. 구경하는 것만으로도 행복하게 해주는 크고 작은 빵집이 많이 생기나 샌드위치 빵을 구하러 다니던 '노고'가 고르는 '재미'로 바뀐 시절을 맞았으니, 이제 누가 뭐라 해도 샌드위치 백작이 승리의 카드 패를 보여줄 가능성은 매우 높아졌다. 맛있는 샌드위치를 만드는 것의 절반은 빵 선택에 달려 있다고 해도 틀린 말이 아니기 때문이다.

샌드위치에 어울리는 빵은 어떤 것일까? 역설적으로 들릴지 모르겠지만, 빵의 발원지인 메소포타미아 지역을 중심으로 한 중근동(中近東)의 유목민이 만들어 먹었다는, 밀가루, 물, 소금(반죽의 필수 요소)이 중심이 된, 중세 이전 방식의 빵이 샌드위치 빵으로는 최고다. 그동안 빵의 필수 재료라 여기온 우유나 버터, 설탕 같은 재료가 들어가지 않는 대신 입맛을 돋울 정도의 약간의 짭짤함만을 간직한 이런 종류의 빵으로 이탈리아의 치아바타(ciabatta)와 인도의 자파타, 프랑스의 바게트 그리고 터키의 피데(pide) 같은 것이 있다(이들이 대상들의 카라반을 따라 이동했는지, 십자군을 따라 이동했는지, 아니면 페르시아의 수도승 달마대사를 따라 이동했는지 확인할 길은 없으나 애초에 모두 한 조상으로부터 비롯되었을 것이라는 게 나의 짐작이다). 재밌는 사실은 베이커리 기술이 정점에 달한 오늘에 이르러 마침내 원시적 레시피를 기본으로 한 빵을 구하기가 수월해졌다는 점이다. 역사에 진보는 없고 반복만 있을 뿐이라는 어느 철학자의 주장에 한 표를 던져야 할까 보다.

이러한 빵과 함께 샌드위치에 잘 어울리는 한 무리의 또 다른 빵들이 있다. 콩, 보리, 호밀, 귀리 등의 곡물을 이용한 다양한 수제 빵인데 곡물의 투박하고 구수한 맛 때문인지 어떤 샌드위치 재료에나 든든한 베이스가 되어준다. 이런 종류의 빵들이 요즈음 하루가 다르게 가까운 동네 빵집 디스플레이 선반에 등장하고 있는 것을 볼 수 있다. 이들 중 어느 것을 집어 들어도 훌륭한 샌드위치로 향하는 출발점이 되는 데 손색이 없을 것이다.

어떤 빵을 선택하느냐가 성공적인 샌드위치의 첫걸음이라면 어떤 방식으로 빵을 다룰 것이냐는 샌드위치 맛을 종결짓는 최종 변수다. 바삭한 토스트로 하느냐, 납작하게 눌러 굽는 파니니로 하느냐, 팬프라이로 하느냐, 아니면 말랑말랑하게 하느냐에 따라 샌드위치의 식감은 많이 달라진다. 형식이 내용보다 어필하는 경우가 있는 것처럼 말이다. 어떤 것이 '트루 맛'이 될지는 만드는 사람의 '요리 본능'에 맡겨보자.

eggplant panini with raita

오이 라이타를 곁들인 타프나드 가지 파니니

재료

피데 1개
0.3cm 두께로 자른 가지 ¼개 분량
적양파 약간
케이퍼 약간
그뤼에르 약간
오븐 드라이드 토마토 7~8장
바질 잎 약간
후춧가루 약간
타프나드 2~3큰술(만드는 법 029p 참조)
라이타(만드는 법 023p 참조)

만드는 법
----

1. 피데를 가로로 반으로 잘라 한쪽에 타프나드를 듬뿍 바른다.
2. 그 위에 적양파를 올리고 자른 가지를 올린 후 후춧가루를 약간 뿌린다.
3. 그뤼에르를 적당히 떼어내 위에 올리고 케이퍼도 적당히 올린다.
4. 타프나드를 바른 빵 한 쪽을 덮은 후 가지가 익고 치즈가 녹을 때까지 파니니 기계에 굽는다.
5. 먹기 직전에 빵 속에 오븐 드라이드 토마토와 바질을 올린다.
6. 만들어놓은 라이타와 함께 곁들여 먹는다.

sun-dried tomato with olive pesto

올리브 페스토 선드라이드 토마토 샌드위치

재료

콩을 넣은 시골풍 빵 1개
올리브 오일 약간
올리브 오일에 담긴 선드라이드 토마토 3~4조각
프레시 모차렐라 30g
바질 잎 약간
그린 올리브 페스토 2~3작은술

만드는 법
----

1. 콩과 여러 곡물을 넣은 신선한 시골풍 빵을 반으로 갈라 올리브 오일을 살짝 바른다.
2. 선드라이드 토마토를 몇 조각 올리고, 프레시 모차렐라를 얹는다.
3. 바질 잎을 몇 장 올린 후, 그린 올리브 페스토를 골고루 조금씩 얹는다.

Tip _ 재료가 간단한 대신 어울리는 빵을 선택하는 것이 관건인 샌드위치다. 같은 재료를 다양한 빵을 이용해 만들어 먹는 재미도 쏠쏠하다. 올리브 페스토보다 더 자극적인 맛을 원한다면 바질 페스토를 사용한다.

선드라이드 토마토(sun-dried tomato)란?

말 그대로 햇빛에 말린 토마토를 말한다. 마치 우리나라의 태양초와 같은 방식으로 만든 것이라고 보면 된다. 잘 말린 토마토를 각종 말린 허브를 넣은 올리브 오일에 담가 저장했다가 필요할 때마다 꺼내 사용한다. 쫄깃한 토마토를 씹는 식감이 지루함을 없애주고, 토마토를 말리면 생토마토와 맛이 얼마나 달라지는지도 알게 해준다. 병조림 형태로 여러 종류가 수입, 유통되고 있어 어렵지 않게 구할 수 있다.

오븐드라이드 토마토(oven-dried tomato)란?

오븐에 구운 토마토로 더바도포에서는 토마토를 원형으로 얇게 잘라 랙에 올리고 록 솔트(rock salt, 암염)와 소금, 후춧가루를 뿌리고 100℃ 오븐에서 약 3시간 구워서 말린다. 2시간 후부터는 오븐을 들여다보며 상태를 확인하는 것이 좋으며, 오븐에서 꺼내 식힌 후 올리브 오일에 마리네이트해 보관한다.

platter with anchovy, olive and sun-dried tomato

세 가지 와인 안주 모둠

재료

구수한 맛이 나는 빵 적당량
올리브 오일에 절인 선드라이드 토마토 4~5조각
안초비 약간
타지아스케 올리브 7~10조각
파르미자노 레자노 약간

만드는 법

특별한 조리법 없이 와인과 함께
빵, 안초비, 올리브, 선드라이드 토마토를 함께 낸다.
갓 구운 구수한 맛의 빵에 짭짤한 안초비와 선드라이드 토마토를 올려 먹는다.
타지아스케 올리브는 하나씩 천천히 맛보며 와인과 함께 즐긴다.
선드라이드 토마토와 안초비가 담겨 있던 올리브 오일에
빵을 찍어 먹으면 색다른 맛을 즐길 수 있다.

assorted cherry tomato with rucola salad
(learned from Jamie Oliver cook book)

제이미 올리버 토마토 샐러드

재료

방울토마토(또는 대추토마토) 8~10개
루콜라 약간
다진 흰 양파 약간
바질 약간
발사믹 약간
올리브 오일 약간
록 솔트 약간
파르미자노 레자노 약간

만드는 법
----

1. 방울토마토는 먹기 좋게 반으로 잘라 접시에 펼치듯 담고 다진 양파를 뿌린다.
2. 바질 잎을 손으로 살짝 뜯어 토마토에 적당히 어울리도록 얹는다.
3. 록 솔트를 적당히 뿌린 후 루콜라를 자연스럽게 적당량 올린다.
4. 발사믹과 올리브 오일을 1:2 비율로 배합해 골고루 뿌린다.
5. 치즈 칼로 얇게 저민 파르미자노 레자노를 얹는다.

* 이 샐러드는 꽤 오래전 영국의 재기발랄한 요리사 제이미 올리버의 요리책을 보고 익힌 레시피로, 더바도포 메뉴에서는 그의 이름 첫 글자 J를 붙여 'J 토마토 샐러드'라 부른다.

mozzarella tomato salsa

모차렐라를 곁들인 토마토 살사

재료

토마토 ½개
프레시 모차렐라 60g
적양파 약간
엑스트라 버진 올리브 오일 2큰술
화이트 와인 식초 1큰술
칼라마타 올리브(타지아스케 올리브) 5~7개
셀러리, 칠리페퍼, 실란트로(기호에 따라)
소금·후춧가루 약간씩

만드는 법

----

1. 토마토 ½개를 먹기 좋은 크기로 네모 썰기 한다.
2. 적양파를 0.2cm 두께로 얇게 썰고 올리브도 적당히 잘라 준비해놓는다. 기호에 따라 셀러리도 조금 넣는다.
3. ①의 토마토와 나머지 재료를 그릇에 넣고 올리브 오일과 화이트 와인 식초로 버무린 후, 프레시 모차렐라를 먹기 좋은 크기로 떼어내 얹고 소금과 후춧가루를 살짝 뿌린다.

Tip _ 모차렐라는 젖소(cow)의 젖으로 만든 것이 있고 물소(buffalo)의 젖으로 만든 것이 있다. 물소 젖으로 만든 모차렐라가 좀 더 강한 맛이 나는데, 어느 것을 사용해도 무방하다.

살사(salsa)란?

멕시코를 비롯한 라틴아메리카에서 만들어 먹는 소스다. 관능적이고 다이내믹한 살사 댄스처럼 멕시코의 토마토 살사에는 칠리페퍼, 실란트로(고수로도 불리는 코리앤더) 등 자극적이고 개성이 강한 재료를 넣어 만든다. 여기 소개한 토마토 살사는 이런 자극적인 재료 대신 모차렐라 치즈와 바질, 올리브 등을 넣어 라틴아메리카 스타일이라기보다 라틴 스타일의 살사라 할 수 있다.

english afternoon sandwich

영국식 애프터눈 샌드위치

재료

흰 식빵 4장
훈제 연어 2~3장
오이(식빵 길이로 얇게 자른 것) ½개
다진 양파 적당량
그레인 머스터드 1~2작은술
사워크림 1~2작은술

만드는 법
----

1. 굽지 않은 말랑말랑한 식빵 2장을 오이 샌드위치용으로 준비해
빵 한 면에 그레인 머스터드를 살짝 펴 바르고 위에 자른 오이를 얹는다.
2. 다른 한 면에도 그레인 머스터드를 바르고 덮는다.
3. 연어 샌드위치용 식빵 2장을 준비해 빵 한 면에 사워크림을 살짝 바른 후
다진 양파를 골고루 뿌리고 그 위에 연어를 올린 다음
다른 한 면에 사워크림을 살짝 펴 발라 덮는다.
3. 식빵 가장자리의 껍질 부분을 잘라낸 후 먹기 좋은 크기로 자른다
(빵의 촉촉한 느낌이 살아 있어야 제맛이 나는 샌드위치로,
샌드위치를 완성한 후 건조해지지 않도록 물기를 머금은 페이퍼 타올로 살짝 덮어둔다).

큐컴버 샌드위치의 원조는?

샌드위치의 종주국 영국에서 전통적으로 가장 유명한 샌드위치는 아마 큐컴버 샌드위치(cucumber sandwich)일 것이다. 노름에 빠져 샌드위치라는 음식을 탄생시킨 18세기 샌드위치 백작의 뒤를 이은 귀족들 사이에서 새롭게 유행한 문화가 있다면 '오후의 차를 즐기는 문화일 것이다. 당대 최신의 취향을 아낌없이 즐겼던 오스카 와일드도 런던 중심가의 사보이 호텔과 리츠 호텔을 오가며 홍차와 함께 이 큐컴버 샌드위치를 즐겼다. 아무리 생각해도 소박하기 그지없는 이 샌드위치가 그 시대 최첨단 유행을 즐긴 귀족들의 '에지(edge) 있는' 음식으로 사랑받게 된 이유가 궁금하기도 하다. 요즘도 런던의 구석진 골목을 거닐다 보면 오래된 델리 카트슨(식료품점)에서 즉석에서 만들어주는 이 샌드위치를 먹을 수 있다. 음식 맛이 형편없기에 테이블 매너가 있다는 영국에서 큐컴버 샌드위치를 먹을 땐 어떤 매너를 취해야 할까? 아마 포크와 나이프 없이 반드시 손으로 먹어야 한다는 '매너'를 요구하지 않을까?

herb story
샌드위치 맛의 포인트, 허브

더바도포 샌드위치 장 보기 목록에는 몇몇 종류의 허브도 포함된다. 허브를 넣은 장바구니에서는 언제나 기분 좋은 향기가 난다. 은은하고 달콤한 향이 나는 바질은 샌드위치에 직접 넣어 그 고유의 향이 표현되도록 사용하며 타임, 로즈메리, 오레가노같이 강한 향을 내는 허브는 닭고기를 마리네이트하거나 처트니 같은 소스를 만드는 데 사용한다. 민트는 청량한 음료수에 담가 싱그러운 맛이 유지되도록 하는 데 사용한다.

허브를 심은 작은 화분들이 창문턱이나 문 앞 계단 같은 곳에 옹기종기 모여 있는 것을 보면 좁은 골목길에 즐비한 작은 식당들처럼 보인다. 작고 소박하지만 자신만의 향기를 갖고 있는…

(왼쪽 상단부터 시계방향으로) 타임, 바질, 오레가노, 로즈메리, 민트

vegetable story

채소의 선택과 관리, 맛있는 샌드위치로 가는 지름길

더바도포에서 샌드위치용으로 자주 사용하는 채소는 롤라로사(lolla rossa), 포기상추, 그린 비타민(green vitamin), 크레송(cresson), 경수채(kyona), 오크 잎(oak leaf), 어린잎 채소, 바질(basil), 루콜라(rucola), 치커리(chicory), 라디치오(radicchio) 등이다.

샌드위치에 넣는 채소는 다 거기서 거기겠지, 하겠지만 생각보다 쌉싸래한 맛, 고소한 맛, 매운맛 등 채소에 따라 개성이 꽤나 다양하다. 채소는 수분을 공급하는 역할을 주로 하는데 수분 때문에 다른 재료의 성질을 희석시키거나 왜곡하는 원인이 되지 않도록 해야 한다. 샌드위치에 채소를 사용할 때는 이런 모순적 요구를 잘 해결하는 것이 관건이다. 이것이 보통 샌드위치에 필수적일 것만 같은 양상추가 더바도포 샌드위치에는 한 번도 등장한 적이 없는 이유일 것이다.

누구나 다 알고 있는 방법이겠으나 채소 다루는 방법을 참고로 덧붙여본다.
1. 일단 찬물에 30분 정도 담가놓았다가 흐르는 물에 씻는다(더운 여름날, 축 처진 채소들은 찬 얼음물에 담갔다 꺼내면 감쪽같이 살아나기도 한다). 깨끗이 씻어낸 채소를 채소 스피너에 넣고 물기를 제거한다. 스피너가 없다면 손으로 탈탈 털어 키친타월로 한 번 더 살짝 물기를 제거한다(하지만 허브는 다르다. 예를 들어 바질 같은 허브는 물에 닿는 순간 싱싱함이 사라지는가 하면 민트 같은 허브는 물에 잠기게 해두어야 싱싱함을 유지한다).
2. 물기를 제거한 채소는 지퍼 백이나 밀폐 용기에 넣어 냉장고에 보관한다. 물기를 없애는 데 지나치게 주력하다 보면 채소가 너무 건조해지기도 하니 유의하자.
3. 루콜라나 그린 비타민처럼 뿌리째 다발로 되어 있는 것은 다발 그대로 살짝 적신 키친타월에 감아두고 필요할 때마다 다발에서 잘라내 사용하면 싱싱함을 오래 유지하는 데 도움이 된다.

(왼쪽부터 시계방향으로) 오크 잎, 루콜라, 크레송, 경수채

grilled capsicum with goat cheese

구운 홍피망과 염소 치즈를 곁들인 샌드위치

재료

식빵 2장
홍피망 1개
염소 치즈 3~4작은술

만드는 법
----

1. 2cm 정도 두께로 두툼하게 자른 식빵 2장을 토스터에 살짝 굽는다.
2. 구워서 껍질을 벗긴 후 큼지막하게 4~5등분한 홍피망을 구운 빵 위에 올린다.
3. 그 위에 염소 치즈를 올린다.

Tip _ 깨끗이 씻은 홍피망을 가스 불에 직화로 껍질이 검어지고 질감이 부드러워질 때까지 굽는다. 뜨거울 때 비닐 팩에 넣어 두었다가 식은 뒤 꺼내어 키친타월을 이용해 문지르듯 껍질을 벗겨낸다.

avocado finger

잡곡빵에 올려 먹는 아보카도 핑거 샌드위치

재료

잡곡빵 1장
0.5cm 정도 두께로 자른 아보카도 1조각
고르곤졸라 약간
록 솔트 약간

만드는 법
----

1. 얇게 자른 잡곡빵 위에 아보카도를 놓고 고르곤졸라를 올린다.
2. 그 위에 투명한 록 솔트를 살짝 뿌린다.

Tip _ 밀도가 높은 잡곡빵을 사용하는 것이 좋다. 손님을 초대했을 때 식전 음식으로 좋고, 잡곡 비스킷을 이용해 와인 안주로 활용해도 좋은 메뉴다.

spinach, parma and grilled capsicum

구운 피망을 곁들인 시금치와 파르마 샌드위치

재료

잡곡빵(호떡처럼 넓적한 것) 1개
머스터드 마요네즈 1큰술(만드는 법 019p 참조)
그레인 머스터드 드레싱 1큰술(만드는 법 019p 참조)
시금치 잎 5장
파르마 20g
홍피망 ½개

만드는 법
----

1. 잡곡빵을 반으로 갈라 토스터에 굽는다.
2. 빵 한 면에 머스터드 마요네즈를 바르고 시금치 잎, 얇게 썬 파르마를 올린다.
3. 여기에 약 5cm 길이로 길쭉하게 썰어 올리브 오일을 발라 오븐 또는 생선 그릴에 약 5분간 구운 피망을 얹는다.
4. 파르마와 피망 위에 그레인 머스터드 드레싱을 골고루 끼얹는다.
5. 다른 빵에 머스터드 마요네즈를 발라 덮는다.

funghi with hummus

후무스 버섯 샌드위치

재료

치아바타 1개
맛타리버섯 50g
양송이 2~3개
올리브 오일 약간
파르미자노 레자노 약간
적양파 약간
크레송 약간
타임 약간
소금·후춧가루 약간씩
후무스 2~3작은술(만드는 법 029p 참조)
참기름 발사믹 약간(만드는 법 021p 참조)

만드는 법

1. 뜨겁게 달군 팬에 맛타리버섯과 0.5cm 두께로 얇게 썬 양송이를 기름 없이 볶은 후, 볼에 옮겨 담아 올리브 오일과 타임, 파르미자노 레자노, 후춧가루를 넣어 혼합한다. 그런 다음 한 김 식혀 소금으로 간해 놓는다.
2. 치아바타 1개를 반으로 갈라 바삭하게 굽는다.
3. 빵에 후무스를 듬뿍 바른다.
4. 그 위에 적양파를 얹고 볶아놓은 ①을 올린다.
5. 먹기 전에 만들어둔 참기름 발사믹을 기호에 맞게 적당량 얹은 후 크레송을 한 움큼 올리고 다른 빵 한 쪽에 후무스를 마저 바른 다음 덮는다.

후무스(hummus)란?

영어권에서는 병아리콩(칙피, chickpea), 이탈리아에서는 체치(ceci)로 불리는 이집트콩을 익혀 으깬 후 참깨 소스(타히니, tahini)와 올리브 오일, 레몬즙, 소금, 마늘 등을 넣어 만든 아랍의 대표적인 딥 소스다. 후무스나 타히니라는 이국적인 이름이 전하는 느낌만큼이나 이들을 알맞게 사용하면 샌드위치에 비밀과도 같은 특별한 맛과 풍미를 낼 수 있다. 더바도포에서는 후무스와 타히니를 만들어 사용하지만 이태원의 이슬람 사원 근처 식자재 가게에 가면 크고 작은 병에 담긴 다양한 시판 제품을 손쉽게 구할 수 있으니 걱정할 필요가 없다(후무스 만드는 법 029p 참조, 타히니 만드는 법 021p 참조).

mediterranean wanderer

지중해 음식의 역사는 지금도 우리의 식탁 위를 방랑하고 있다

옛날 옛적 그리스 인, 로마 인, 북아프리카 인, 아랍 인이 알렉산드리아(이집트의 도시)에 모여든 이유는 무엇이었을까? 관광 수입도 없던 중세, 베니스는 무엇으로 전 세계 돈을 긁어모았을까? 인도에서 태어난 참깨가 <알리바바와 40인의 도적들>에도 등장하고 우리의 콩나물 무침에도 등장하는 이유는?

이런 궁금증은 모두 지중해라는 지역과 관련이 있다. 남부 유럽과 중동, 북아프리카를 모두 연안에 둔 이 지역은 먼지가 뽀얗게 앉은 고대부터 치즈와 과일, 채소 등 풍요로운 식자재를 생산해온 곳으로 일찍부터 다양한 음식 문화가 존재한 곳이다. 일찍부터 동양적 기원을 갖는 수많은 맛이 진출한 곳이고 중세에 아랍 상인과 베니스 상인이 치열하게 경쟁했던 무역의 현장이기도 하다. 700~800년 전 지중해 연안의 카이로나 튀니스, 모로코 등 북아프리카 대도시 중앙 시장에서는 아마도 인도에서 구한 식료품을 가득 싣고 돌아오는 아랍 상인들과 이를 선점하기 위해 항구에 선박을 대놓고 몰려든 베니스의 상인들로 북적대는 풍경을 쉽게 볼 수 있었으리라(베니스의 상인, 샤일록도 아마 이들 가운데 끼어있지 않았을까?).

베니스의 식료품 거래 독점에 화가 난 스페인과 포르투갈이 결국 인도로 가는 새로운 항로를 개척하며 대항해 시대를 열게 했으니 혀끝을 사로잡는 '맛'의 위력이 새삼스럽게 느껴진다. '맛이 삼시 세끼라는 일상사를 넘어 세계사의 중요한 사건을 촉발한 원인이 되었다는 것을 생각하면, 역사를 지배하는 건 그 어떤 심오한 사유보다도 '먹는 일'과 같은 매일매일의 일상이 아닐까 싶다.

지중해 지역에서 태어났거나 이 지역을 거치면서 오늘까지 살아남아 더바도포 주방에까지 이른 흥미로운 식자재가 여럿 있다. 북아프리카의 후무스나 그리스의 차치키, 카다몸이나 커민 같은 향신료를 듬뿍 넣어 만든 인도의 처트니 같은 것들이 그들이다. 이름만 들어도 신기하고 호기심이 상승하는 이들이 더바도포 샌드위치의 비결에 한몫을 톡톡히 하고 있는 것을 보면 지중해 음식 역사의 방랑적 서사는 오늘도 여전히 '현재형'으로 이어지고 있다는 생각이 든다.

spice story

천일야화처럼 신비롭고 유혹적인 향신료들

향신료를 사용하다 보면 어떤 특징을 발견하게 되는데 그것은 한 종류의 향신료를 단독으로 사용하는 것보다 여러 향신료를 혼합해 사용한다는 점이다. 처트니를 만들기 위해서는 최소 3~4종의 향신료가 들어가고, 잘 알려져 있는 케이준에는 7~10가지, 커리의 기본적인 향신료인 가람 마살라를 만드는 데도 최소 7~8종이 들어간다. 마치 고흐 그림에 등장하는 노란색 해바라기가 한 가지 물감이 아닌 여러 가지 다양한 물감의 혼합 터치로 노란색의 효과를 표현한 것처럼 향신료의 표현법도 비슷한 것 같다. 음악으로 치자면 독자적인 연주자들이 모여 앙상블을 만드는 체임버 연주회에 가깝다고 해야 할 것이다.

향신료 자체의 숫자만 해도 어마어마한데 이들이 다양한 조합의 방식으로 혼합된 향신료를 만들어낸다면 그 숫자는 천일(1001)야화의 이야기 숫자 못지않게 많아질 수 있고, 이들이 표현할 수 있는 맛의 영역은 신비로울 만큼 확장될 것이다. 이토록 신비롭고 야화처럼 유혹적인 향신료의 세계를 서술의 힘을 빌려 설명한다는 건 애초에 불가능한 일지도 모르겠다.

더바도포 주방 선반에는 다음과 같은 향신료들이 나열되어 있다.

카다몸(cardamom)

인도 남부 우림 지역이 원산지인 땅콩과 식물. 요리는 물론 제과에서도 많이 사용한다고 한다.

커민(cumin)

인도 카레 하면 바로 코끝에 떠올려지는 향. 하지만 원산지는 인도가 아닌 중동 지방이다. 그래서 모로칸 음식점에서도 커민 향이 많이 난다.

오레가노(oregano)

보통 육류의 노린내를 상쇄하기 위해 사용한다. 향이 오랫동안 지속되는 특징이 있다.

레드페퍼(red pepper)

마른 고추를 잘게 부숴 놓은 것이다.

머스타드 씨(mustard seed)

꽃이 핀 후에 열리는 겨자씨를 말려 통으로 또는 가루를 만들어 사용한다.

코리앤더(coriander)

태국 음식점에 들어서면 바로 이 코리앤더 향이 식욕을 자극한다. 고수라고 하여 우리나라 개성 음식에 꽤 자주 등장하는데 서역과 교류한 고려의 개성상인이 이것을 들여오지 않았을까. 생긴 것은 이탈리아 파슬리와 거의 똑같다. 코리앤더의 씨로 만든 드라이 허브를 쉽게 구할 수 있다.

클로브(clove)

클로브 나무의 꽃봉오리를 말린 것으로 맵고 깔끔한 맛이 나며 향이 강해 육류의 냄새를 없애는 데 많이 사용된다.

캐러웨이(caraway)

살짝 부숴 먹으면 단맛이 난다. 커리 파우더 혼합에도 사용된다.

시나몬(cinnamon)

우리가 잘 아는 계핏가루를 의미한다.

grilled eggplant and radicchio salad with caper dressing

케이퍼 드레싱을 올린 구운 가지 라디치오 샐러드

재료

라디치오 ¼개
가지 1개
케이퍼 드레싱 2~3큰술
케이퍼베리 약간
올리브 오일 약간
후춧가루 약간

만드는 법
----

1. 라디치오와 가지는 큼지막하고 길쭉길쭉하게 적당한 크기로 잘라 올리브 오일에 적셔 그릴에 살짝 굽는다.
2. 구운 채소 위에 케이퍼 드레싱을 뿌리고 케이퍼베리 몇 개를 올린 다음 후춧가루를 뿌린다.

mediterranean sandwich

지중해식 샌드위치

재료

식빵 2장
스위트 토마토 소스 1큰술
양송이버섯 4개, 홍피망 ¼개
0.3cm 두께로 썬 양파 링 2~3장, 시금치 5장
카망베르 2조각, 체다 약간
말린 오레가노 약간, 올리브 오일 약간
버터 약간
스위트 토마토 소스(만드는 법 029p 참조)

만드는 법

---

1. 식빵 안쪽 양면에 올리브 오일을 바르고 만들어둔 스위트 토마토 소스를 바른다.
2. 얇게 썬 양송이버섯과 0.5cm 두께로 채 썬 피망, 0.3cm 두께의 링으로 썬 양파, 케이퍼, 시금치를 넣은 후 0.5cm 두께로 채 썬 카망베르와 체다를 혼합해 맨 나중에 넣고 말린 오레가노를 약간 뿌린다.
3. 양면을 덮은 식빵 표면에 버터를 발라 그릴 또는 프라이팬에 재료가 잘 자리 잡도록 눌러가며 굽는다.
4. 안에 있는 치즈가 녹아내린 듯하면 팬에서 꺼내 먹기 좋게 4조각으로 자른 후 뜨거울 때 먹는다.

salmon and caper
with lemon vinaigrette

레몬 비네그레트 드레싱을 곁들인 훈제 연어와 케이퍼 샌드위치

재료

화이트 롤 1개
마요네즈 1큰술
상추 2장
비타민 잎 5장
0.3cm 두께로 썬 양파 링 2~3장
사워크림 1큰술
훈제 연어 3장
케이퍼 10개
레몬 비네그레트 드레싱 1작은술(만드는 법 021p 참조)

만드는 법
----

1. 화이트 롤을 굽거나 그대로 반으로 갈라 한 면에 마요네즈를 골고루 펴 바른다.
2. 상추, 비타민 잎, 0.3cm 두께로 썬 양파 링 2~3장을 올리고 사워크림을 군데군데 조금씩 바른다.
3. 훈제 연어를 길게 펴서 겹으로 올린다.
4. 케이퍼를 골고루 퍼지게 올려놓은 후 레몬 비네그레트 드레싱을 골고루 끼얹는다.
5. 나머지 빵 한 면에 사워크림을 살짝 펴 바른 후 덮는다.

spinach with warm bacon dressing

베이컨 드레싱을 올린 시금치 샌드위치

재료

치아바타 적당량
여린 시금치 약간
파르미자노 레자노
베이컨 드레싱 2~3큰술(만드는 법 029p 참조)

만드는 법
---

1. 치아바타를 반으로 갈라 바삭하게 토스트한 후 시금치를 여러 장 올린다.
2. 그 위에 미리 만들어놓은 따뜻한 베이컨 드레싱을 충분히 뿌리고 얇게 저민 파르미자노 레자노를 올린다.

Tip _ 베이컨 드레싱을 뿌릴 때 아래 가라앉은 베이컨과 양파를 티스푼으로 따로 떠 올려 얹은 후, 올리브 오일을 마저 뿌리는 것이 좋다.

Italian melt

이탤리언 멜트 샌드위치

재료

치아바타(또는 포카차) 1개
올리브 오일 1큰술
페스토 1큰술
0.5cm 두께로 썬 토마토 3~4장
살라미 4장
얇게 썬 양파 링 3개
블랙 올리브 7~8개
피망 ¼개
파르미자노 레자노 약간

만드는 법
----

1. 치아바타를 먹기 좋은 크기로 자른 후
올리브 오일을 발라 오븐이나 토스터에 살짝 구운 후 페스토를 바른다.
2. 그 위에 0.5cm 두께로 썬 토마토, 살라미와 양파 링, 얇게 썬 블랙 올리브와
작게 네모 썰기 한 피망을 차례로 얹는다.
3. 치즈 나이프로 얇게 저민 파르미자노 레자노를 뿌리고 오븐이나 토스터에 넣어
치즈가 녹아내리도록 약 1분간 더 굽는다.

beef pastrami with fig chutney

무화과 처트니를 곁들인 비프 파스트라미 샌드위치

재료

잡곡빵 2장
0.2mm 두께로 얇게 썬 비프 파스트라미 4~5장
무화과 처트니 3작은술(만드는 법 025p 참조)
어린잎 채소 약간
적양파 약간
리코타 3작은술

만드는 법
----

1. 잡곡빵을 적당히 얇게 썰어 한쪽 면에 리코타를 바른다.
2. 얇게 썬 비프 파스트라미 4~5장을 약간 겹쳐놓은 후 그 위에 적양파를 올리고 무화과 처트니를 세 군데 정도 적당히 올려놓는다.
3. 어린잎 채소를 충분히 올리고 나머지 빵 한 조각을 덮는다.

potato and bacon panini

감자와 베이컨 파니니

재료

사워도 잡곡빵 2장
삶은 감자 1½개
구워 썬 베이컨 1장
시금치 10장
사워크림 2작은술
적양파 약간
파르미자노 레자노 약간
그레인 머스터드 약간
로즈메리 약간
후춧가루 약간

만드는 법

1. 사워도 잡곡빵 한 면에 그레인 머스터드를 바르고 적양파와 0.5cm 두께로 자른 삶은 감자를 넉넉히 펼쳐 올린다. 그 위에 후춧가루와 로즈메리를 살짝 뿌린 후, 바삭하게 구워 잘게 썬 베이컨을 골고루 얹고 파르미자노 레자노를 갈아 올린다.
2. 시금치를 적당히 얹고 그레인 머스터드를 바른 빵을 덮은 후 손으로 살짝 눌러 재료를 고정한 다음 달군 파니니 기계에 넣는다.
3. 따끈하게 구워졌을 때 꺼내어 빵을 열어 속 재료 사이에 사워크림을 적당히 얹은 후 다시 덮어 먹기 좋은 크기로 잘라놓는다.

roasted beef with horseradish

호스래디시 로스트비프 샌드위치

재료

잉글리시 머핀 1개
0.2cm 두께로 얇게 썬 로스트비프 3~4장
호스래디시(서양 고추냉이) 2~3작은술
적양파 약간
어린잎 채소 약간
머스터드 마요네즈 약간
그레인 머스터드 드레싱 약간

만드는 법
----

1. 잉글리시 머핀을 가로로 잘라 토스터에 브라운색이 날 때까지 굽는다.
2. 머핀 안쪽에 머스터드 마요네즈를 살짝 바르고 그 위에 적양파와 로스트비프를 적당히 올린다.
3. 2~3작은술 정도의 호스래디시를 로스트비프 위에 적당히 분산해 올린다.
4. 그 위에 어린잎 채소를 적당히 올리고 그레인 머스터드 드레싱을 살짝 뿌린 후 한쪽 머핀을 마저 올린다.
기호에 따라 통후추를 살짝 뿌려도 좋다.

smoked salmon with tzatziki

차치키를 곁들인 연어 샌드위치

재료

치아바타 1개
훈제 연어 2~3장
적양파 약간
케이퍼 약간
크레송 약간
허브 오일 약간
차치키 4~5작은술(만드는 법 029p 참조)
레몬 비네그레트 드레싱(만드는 법 021p 참조)
후춧가루 약간

만드는 법
----

1. 치아바타 1개를 반을 갈라 토스터에 바삭하게 굽는다.
2. 빵에 올리브 오일을 살짝 바르고 연어를 골고루 얹은 후 후춧가루를 뿌리고 케이퍼와 얇게 썬 적양파를 올린다(연어의 양에 따라 케이퍼 양을 조절하며 간을 맞춘다).
3. 그 위에 만들어놓은 차치키를 적당히 얹는다.
4. 찬물에 담가놓은 크레송을 꺼내 물기를 털어낸 후 올린다.
5. 마지막으로 레몬 비네그레트 드레싱을 듬뿍 떨어뜨린 후 다른 빵 한 쪽으로 덮는다.

smoked salmon salad with tzatziki

차치키를 곁들인 연어 샐러드

재료

훈제 연어 4~5장
다진 양파 약간
케이퍼 약간
경수채 약간
올리브 오일 약간
후춧가루 약간
잡곡빵 2개
셀러리 약간
레몬제스트(레몬 껍질을 얇게 잘라서 채 썰거나 잘게 다진 것) 약간
차치키 4~5작은술(만드는 법 029p 참조)

만드는 법
----

1. 접시에 훈제 연어를 먹기 좋게 잘라 적당히 올린 후
다진 양파와 케이퍼, 레몬제스트, 셀러리를 흩뿌리듯 올린다.
2. 준비해둔 차치키를 연어 위에 골고루 얹고 그 위에 경수채를 올린 후
후춧가루와 올리브 오일을 약간 뿌린다.
기호에 따라 레몬 비네그레트 드레싱(021p 참조)을 곁들여도 좋다.

Tip _ 빵과 함께 가벼운 한 끼 식사를 대신 할 수 있는 메뉴다. 차치키는 차갑게, 경수채는 얼음물에 담가두었다 사용하기 직전에 건져야 연어의 느끼한 맛과 조화를 이룰 수 있다. 훈제 연어는 구매할 때 마다 약간씩 간이 다르니 먼저 먹어본 후 케이퍼 양을 조절하는 것이 좋다. 연어에 딜이나 후춧가루로 마리네이트한 것을 사용해도 좋다.

tuna panini

참치 파니니

재료

잡곡빵(호떡처럼 넓적한 것) 2개
크림치즈 1큰술
페스토 1큰술
밑간한 참치 ½컵
레몬즙 1큰술
케이퍼 1큰술
다진 양파 ¼컵
블랙 올리브 2큰술
0.5~0.7cm 두께로 썬 토마토 2장
바질 잎(또는 비타민 잎) 3장
버터 약간

만드는 법
----

1. 잡곡빵을 가로로 잘라 빵 한 면에는 크림치즈를, 다른 한 면에는 페스토를 골고루 펴 바른다.
2. 캔 하나 분량의 참치에 레몬즙 1큰술, 케이퍼 1큰술, 다진 양파 ¼컵, 블랙 올리브 2큰술을 섞어 밑간을 한다.
3. 2개의 빵 사이에 밑간한 참치 ½컵, 토마토, 바질 잎을 차례로 넣는다.
4. 빵을 덮고 겉면에 버터를 발라 프라이팬에 굽는다.

Tip _ 바삭하게 구운 빵은 뜨거울 때 빨리 먹어야 제맛이 난다. 참치를 넣은 샌드위치는 흰빵보다 잡곡빵이나 호두빵, 사워도 등 갈색 빵 종류가 잘 어울린다. 그리고 될 수 있으면 마요네즈는 함께 사용하지 않는 것이 좋다.

foccacia cake for picnic

피크닉을 위한 포카차 샌드위치 케이크

재료

포카차 1개
살구 처트니 ¼컵(만드는 법 025p 참조)
돼지고기 파스트라미 10장
양파 잼 ¼컵(만드는 법 029p 참조)
방울토마토 10개
오이 4개
무순 약간
그레인 머스터드 드레싱 2큰술(만드는 법 019p 참조)

만드는 법
----

1. 포카차 빵을 큰 덩어리 그대로 가로로 자른 뒤 빵 한 면에 살구 처트니를 얇게 펴 바르고 그 위에 0.3cm 두께로 썬 돼지고기 파스트라미를 골고루 1~2겹으로 올린다.
2. 그 위에 준비한 양파 잼을 고르게 바르고(또는 양파 링을 얹어도 좋다) 방울토마토, 0.3cm두께로 썬 오이, 무순 등의 채소를 골고루 섞어 올린다.
3. 채소 위에 그레인 그레인 머스터드 드레싱을 끼얹는다.

Tip _ 포카차 1개면 보통 6~8인분을 만들 수 있다. 샌드위치 케이크인 만큼 케이크 모양으로 잘라서 먹으면 색다른 기분이 난다. 돼지고기 파스트라미 대신 파르마나 로스트 치킨도 잘 어울린다.

ham story

햄, 샌드위치 제국의 왕자

샌드위치 만들기를 위한 쇼핑 목록 제1번은 늘 햄이 차지한다. 햄 없는 샌드위치는 '앙꼬' 없는 찐빵만큼이나 허전하다. 인기 만점 재료인 만큼 종류마저 단출하면 좋으련만, 귀찮게도 그 종류가 어마어마하다(나도 샌드위치를 만들면서 비로소 알게 된 지식이다). 허니 큐어드 햄, 브라인 큐어드 햄, 프로슈토, 하몽, 블랙 포리스트 등. 귀에 잘 들어오지도 않는 이 이름들은 바로 염장한 햄인지, 훈제한 햄인지, 건조 햄인지 그리고 어느 나라 어느 지역에서 생산되었는지에 따라 붙여진 것이다. 중국 소수민족의 숫자만큼이나 많은 듯하다. 더바도포 샌드위치에 자주 사용하는 햄을 중심으로 주요 햄에 대해 간단히 알아보자.

허니 큐어드 햄(honey cured ham)

염장으로 생긴 짠맛을 없애기 위해 꿀을 넣어 저장 처리한 햄이다. 슈퍼마켓이나 식료품 가게에서 햄을 살 때 포장지에 허니(honey)라는 글자가 인쇄된 것을 발견했다면, 그건 애교 섞인 호객용 문구가 아니라 햄의 특성을 알려주는 정보이니 오해 마시길.

프로슈토(prosciutto)

햄을 지칭하는 이탈리아 어. 소금을 뿌려 자연 건조시킨 이 햄은 얇디얇게 저민 상태로 포장해 시중에 나온다. 두께가 2mm도 채 되지 않는 햄 1장이 전하는 섬세한 맛의 풍미가 상당하다(물론 가격도 상당하다). 혹시라도 프로슈토 샌드위치를 보고 햄을 너무 적게 넣었다고 나무란다면 프로슈토가 좀 억울해할 것도 같다. 결코 부피감이 아닌 존재감으로 승부하는 햄이니까.

파르마(parma)

프로슈토 가운데 가장 유명한 햄일 듯하다. 이탈리아 북부에 위치한 파르마 지역은 파르마 햄과 더불어 또 하나의 불후의 명작인 파르미자노 레자노를 생산하는 곳이기도 하다. 각각 파르마란 이름이 붙은 이유이다.

파스트라미(pastrami)

양념해서 훈제한 햄(쇠고기 또는 돼지고기)으로 루마니아에서 처음 만들기 시작했다고 알려져 있다. 본래는 쇠고기로만 만들었다고 하는데 요즘은 돼지고기로도 만들고, 터키에는 심지어 연어 파스트라미도 있다고 하니, 다른 어떤 재료로도 만들 수 있지 않을까. 더바도포에서 10년 전 파스트라미에 살구 처트니를 곁들인 샌드위치를 선보였을 때 매우 인기가 있었던 기억이 있다.

모르타델라(mortadella)

모르타델라는 이탈리아 북부 볼로냐 지방이 원산지인 햄(또는 소시지)으로 최상급 돼지고기와 기름을 혼합해 훈제한 햄이다. 돼지고기 목살에서 얻은 하얀색 기름이 곳곳에 박혀 있고 피스타치오가 들어 있는 것이 특징이고, 얇게 썰어 먹으면 세맛이 난다. 가격이 비싸기 때문에 필요한 만큼 소량씩 구입해 사용하는 것이 좋고, 햄 사이에 들어 있는 기름 때문에 상온에서는 햄이 금방 힘없이 주저앉으므로 먹기 직전에 냉장고에서 꺼내고 만든 후 남은 것은 재빨리 냉장고에 넣어 보관한다.

beef pastrami with baked zucchini and gruyere

비프 파스트라미에 구운 호박과 그뤼에르를 얹은 샌드위치

재료

잡곡빵 2장
0.2cm 두께로 썬 비프 파스트라미 3~4장
0.3cm 두께로 썬 주키니(서양 호박) 2장
0.1cm 두께로 썬 그뤼에르 1장
머스터드 마요네즈 약간
소금·후춧가루 약간씩

만드는 법
----

1. 잡곡빵을 0.5cm 정도로 잘라 빵 한 면 전체에 머스터드 마요네즈를 얇게 펴 바른다.
2. 그 위에 비프 파스트라미를 올린 후 입맛을 돋울 정도만 소금, 후춧가루를 살짝 뿌린다.
3. 기름을 두른 프라이팬에 주키니 호박을 노릇하게 구워 비프 파스트라미 위에 얹고 그뤼에르도 얹는다.
4. 나머지 잡곡빵 한 조각을 덮어 완성한다.

Tip _ 군더더기 없이 간단하면서도 개성이 강한 샌드위치. 기호에 따라 프라이팬에 빵을 바삭하게 구워서 이용해도 좋다. 그뤼에르의 맛을 파악한 후 나머지 재료의 분량을 결정하는 것이 전체적인 맛의 균형을 유지하는 데 도움이 된다.

foccacia and ham

포카차에 로즈메리 햄을 얹은 샌드위치

재료

포카차 적당량
적양파 약간
로즈메리 햄 1장

만드는 법
------

1. 포카차를 잘라서 반을 가른 후
빵 사이에 적양파와 햄 1장을 자연스럽게 끼워 넣으면 된다.

platter with prociutto, rucola and parmigiano reggiano

프로슈토, 루콜라, 파르미자노 레자노 플래터

재료

프로슈토 1~2장
루콜라 약간
파르미자노 레자노 약간
(엑스트라 버진) 올리브 오일 약간
후춧가루 약간

만드는 법
----

1. 접시에 프로슈토를 먹기 좋은 크기로 손으로 잘라 접시에 골고루 놓는다.
2. 그 위에 루콜라를 적절히 배열해 올리고 치즈 칼로 파르미자노 레자노를 아주 얇게 저며 골고루 뿌린 후 엑스트라 버진 올리브 오일을 가늘고 섬세하게 뿌리고 후춧가루로 마무리한다.

Tip _ 1. 프로슈토는 가열하지 않고 건조시킨 프로슈토 크루도(prociutto crudo)와 가열해 건조시킨 프로슈토 코토 (prociutto cotto)가 있다. 멜론 위에 얹어 전채 요리로 먹는 것을 많이 보았을 텐데, 여기에서 선보인 것은 루콜라와 곁들여 와인 안주로 간단히 준비할 수 있는 메뉴로 구성해보았다. 프로슈토의 풍미가 워낙 강해 작은 접시 분량이라도 와인 한 병의 안주로 충분하다. 견과류나 마른 과일을 넣은 잡곡빵이 있다면 얇게 썰어 함께 곁들여 먹으면 좋다. 2. 매우 섬세한 식재료라 만들기 직전에 냉장고에서 꺼내 준비한다.

prociutto and tomato salsa

프로슈토와 토마토 살사 샌드위치

재료

치아바타 1개
프로슈토 1장
루콜라 약간
올리브 오일 약간
토마토 살사 4~5큰술(만드는 법 029p 참조)

만드는 법
----

1. 치아바타를 반으로 갈라 토스터나 팬에 바싹 굽는다.
2. 빵 한 면에 올리브 오일을 발라 살사 때문에 빵이 젖지 않게 한다.
3. 토마토 살사를 올린 후,
그 위에 프로슈토 1장과 루콜라 몇 줄기를 곁들이면 완성.
준비된 모든 재료를 큰 접시에 올려놓고,
즉석에서 빵에 살사, 프로슈토를 곁들여 먹어도 된다.

baked prociutto

살짝 구운 프로슈토 샌드위치

재료

브라운 잡곡빵 2장
프로슈토 ½장
방울토마토 2~3개
블랙 올리브 페스토 2작은술(만드는 법 027p 참조)
바질 잎 약간
이탈리아 파슬리 약간
올리브 오일 약간

만드는 법
----

1. 잡곡빵을 살짝 굽는다.
2. 블랙 올리브 페스토를 빵에 적당히 바른다.
3. 프로슈토 ½장을 팬에 살짝 구워 빵에 올린다.
4. 그 위에 반으로 가른 방울토마토를 올린다.
5. 바질 잎과 이탈리아 파슬리를 올리고 올리브 오일을 살짝 뿌린다.

roasted beef with sesame oil balsamic dressing

참기름 발사믹을 곁들인 로스트비프 샌드위치

재료

자르지 않은 곡물 식빵 1장
얇게 썬 로스트비프 5~6장
참기름 발사믹 1큰술(만드는 법 021p 참조)
1cm 정도 길이로 자른 영양부추 약간
어린잎 채소 약간

만드는 법
----

1. 정사각형 곡물 식빵을 4cm 두께로 자른 다음 다시 반으로 자른다.
2. 자른 빵을 세워서(크러스트 부분이 바닥에 있도록 해놓고) 위에서부터 바닥을 1cm 정도 남기고 자른다. 빵이 완전히 2조각이 되지 않도록 한다.
3. 별도의 그릇에 얇게 썬 로스트비프, 참기름 발사믹, 영양부추를 넣고 잘 섞어 빵 사이에 끼운다.
4. 어린잎 채소를 올리거나 빵 사이에 끼워 완성한다. 기호에 따라 통후추를 살짝 뿌려도 좋다.

Tip _ 로스트비프와 참기름 발사믹, 영양부추를 혼합할 때 서로의 맛이 잘 배도록 하면서도 각 재료의 개성이 살아 있도록 신경 쓰는 것이 중요하다. 미리 혼합해두지 말고 즉석에서 살짝 섞어야 최상의 맛이 난다.

cheese story

치즈, 샌드위치의 연인

치즈 또한 빵 만큼이나 유구한 역사를 지닌 음식이다. 우리는 막연히 치즈가 서구에서 유래한 음식이라고 생각하기 쉽지만 이것 역시 빵처럼 지금의 이란, 이라크 지역을 중심으로 한 중동 지방에서 처음 만들어 먹었다고 한다. 하기야 인류 문명의 발상지를 보면 오늘날의 문명을 주도하고 있는 선진국의 이름은 찾으려야 찾을 수가 없다. 미국은 말할 것도 없고 서유럽 지역이 문명국으로서 세계사 전면에 등장한 것이 그리 오래되지 않았으니까 말이다.

샌드위치를 만들면서 서유럽 식문화에 대해 가졌던 관심이 점차 지중해 주변의 중동, 북아프리카, 인도 등지의 식문화에 대한 관심으로 이어지고 있다. 더바도포 초창기에는 주로 프랑스의 브리나 카망베르 그리고 간혹 영국의 체다처럼 안전한(?) 치즈를 애용했지만 점차 페타나 염소 치즈 같은 고대부터 이어져온 치즈, 블루나 고르곤졸라처럼 깊고 짙은 맛 치즈에 관심이 커지고 있다.

고대부터 전해져온 치즈, 근대에 탄생한 치즈, 추운 지방의 치즈, 더운 지방의 치즈, 소젖으로 만든 치즈, 양젖으로 만든 치즈. 수없이 많은 치즈가 있지만 샌드위치에 어울리지 않는 치즈는 거의 없는 것 같다. 누구에게나 어울리는 연인이 있을지는 모르겠으나 치즈는 어떤 샌드위치에든 어울릴 수 있는 연인 같은 존재다. 치즈마다 독특한 개성을 지니고 있어 그 맛을 따라가다 보면 함께 어울릴 만한 다른 재료가 자연스럽게 떠오르는 일이 자주 있다. 하나의 재료가 다른 재료의 조건을 결정짓는 것이 샌드위치 만들기의 또 하나의 재미이다. 치즈가 햄을 결정짓기도 하고, 빵이 스프레드를 결정해주기도 하고 채소가 드레싱을 정해주기도 한다.

샌드위치를 만들고 남은 치즈가 있다면 와인 파티가 준비된 셈이나 다름없고, 반대로 와인 안주로 사용하고 남은 치즈가 있다면 맛있는 샌드위치를 즉석에서 만드는 건 일도 아니다.

이 책에 소개한 샌드위치에 사용한 치즈를 세어보니 17종 정도가 된다. 꽤 다양한 치즈를 사용한 것 같지만 어마어마한 치즈 종류 전체로 보면 일부에 지나지 않을 것이다. 그렇다면 새로운 치즈를 이용해 새로운 샌드위치 만들기를 시도해볼 여지도 그만큼 많은 셈이다. 시중에 새로 등장하는 치즈를 발견하면 새로운 샌드위치가 하나 더 추가될 것이다.

그뤼에르(gruyere)

스위스의 대표적인 치즈로 맛이 튀지는 않지만 평범하지도 않다.

브리(brie)

쉽게 친해질 수 있는 프랑스 브리 지방의 치즈. 약간의 암모니아 향과 버섯 향을 지니고 있다. 화이트 와인이나 샴페인과 잘 어울리는 것으로 알려져 있다.

블루 브리(blue brie)

브리의 부드러움과 블루치즈의 강하게 톡 쏘는 맛을 지니고 있다.

카망베르(camembert)

프랑스의 노르망디 지방에서 만든 흰곰팡이 치즈. 브리와 흡사하지만 좀 더 강하기도 하고 섬세하기도 한 맛이다. 과일이나 견과류와 곁들여 먹으면 좋고, 다른 치즈도 그렇지만 카망베르는 특히 먹기 전 상온에 두었다 먹어야 제맛이 난다.

염소 치즈(goat cheese)

산양 젖으로 만든 치즈라 특유의 독특한 향이 있다. 페타나 할루미가 염소 치즈에 속한다.

페타(feta)

주로 산양 젖으로 만드는데 짠맛이 강하고 지방 함량도 많다. 단단한 두부처럼 생긴 것을 토마토 등 채소 샐러드 위에 부숴 넣어 먹는다.

할루미(halloumi)

산양 젖으로 만든 치즈라 특유의 독특한 향이 있다.

파르미자노 레자노(parmigiano-reggiano)

이탈리아 북부 파르마 지방의 치즈로 수프, 파스타 등 이탈리아 음식과 최고의 '짝꿍'이다. 우리가 알고 있는 '파르메산 치즈'가 바로 이 치즈다.

미몰레트(mimolette)

진한 오렌지빛으로 체다 치즈의 맛과 비슷한 듯하지만 더 강하다.

리코타(ricotta)

치즈를 만들고 남은 부산물로 만든 치즈로 크리미하고 촉촉하며 짜지 않아 스프레드처럼 사용하기 좋다. 라쟈냐를 만들 때 사용한다.

마스카포네(mascarpone)

이탈리아의 북부 롬바르디아 지역에서 만들어지며 숙성 단계 없이 먹는 치즈다. 짠맛이 없고 부드러워 디저트 치즈로 많이 이용되며, 티라미스를 만드는 데 필수적이다.

체다(cheddar)

영국의 체다 지방에서 만들어져 붙은 이름으로, 현재는 많은 나라에서 만들어지고 대중적으로 많이 소비되는 치즈다.

에담(edam)

네덜란드 에담 지방에서 만드는 치즈로 지금도 여전히 이 지역의 최고의 특산물이다. 붉은색 와스로 싸서 숙성시키며 부드럽고 짠맛이 있다. 네덜란드가 전세계 무역 시장을 좌지우지하던 16~18세기에 가장 유명했던 치즈라 한다.

고다(gouda)

네덜란드 고다 지방의 전통 치즈로 수분 함량이 적고 부드러운 맛이 특징이다. EU는 'Gouda Holland'라는 원산지 이름만 보호할 뿐이라 여러 다른 나라에서도 고다 치즈를 생산한다. 여기에는 Holland라는 명칭을 쓸 수 없다.

모차렐라(mozzarella)

담백한 맛이 나는 피자에 올리는 치즈로 젖소 젖으로 만드는 것과 물소 젖으로 만드는 것이 있다. 신선한 우유의 맛이 그대로 살아 있고 열을 가하면 쫀득하게 쭉 늘어나며 고소해진다.

하바티(havarti)

덴마크 치즈로 에멘탈 치즈와는 다른 형태로 전체적으로 느슨한 구멍이 나있다. 샌드위치용으로 얇게 잘라 판매하기도 한다.

고르곤졸라(gorgonzola)

질감이 매우 부드럽고 곰팡이의 톡 쏘는 맛이 강한 이탈리아의 대표적인 블루치즈다. 씁싸래한 맛 때문인지 꿀이나 배, 캐러멜(caramelized) 양파 등과 곁들이는 경우가 많다.

mortadella and assorted baby vegetables

모르타델라와 모둠 채소 샌드위치

재료

치아바타 1개
얇게 썬 모르타델라 2~3장
모둠 채소 적당량
그레인 머스터드 1작은술
적양파 약간

만드는 법

---

1. 치아바타는 가로로 2등분한다.
2. 자른 빵 한쪽 면에 그레인 머스터드를 살짝 바른다.
3. 그 위에 얇게 썬 적양파를 조금 올린다.
4. 그 위에 모르타델라를 적당히 말아서 올린다.
5. 기호에 맞게 여러 가지 채소를 자연스럽게 올린다.
오픈으로 먹어도 좋고 빵을 덮어서 먹어도 된다.

grilled eggplant, zucchini, feta and anchovy

그릴드 가지와 주키니, 페타와 안초비를 올린 샌드위치

재료

시금치와 파르미자노 레자노를 넣은 빵 1개
가지 ¼개
주키니 ¼개
페타 약간
안초비 약간

만드는 법
----

1. 시금치 빵을 반으로 갈라놓는다.
2. 가지와 주키니를 0.3cm 두께로 자른 후 올리브 오일을 살짝 적셔 그릴에 굽는다.
3. 빵 위에 구운 채소를 올리고 그 위에 적당한 크기로 떼어 페타와 안초비 몇 조각을 올린다.
4. 나머지 빵을 덮는다.

greek salad

그리스식 샐러드

재료

오이 ½개
방울토마토 5~7개
선드라이드 토마토 3~4개
블랙 올리브·그린 올리브 5개 씩
이탈리아 파슬리 약간
페타 7~10조각
레몬 비네그레트 드레싱(만드는 법 021p 참조)

만드는 법
----

1. 오이는 ½개 정도 먹기 좋게 네모 썰기를 하고,
방울토마토는 반으로 잘라놓는다.
2. 볼에 준비한 오이와 방울토마토, 선드라이드 토마토, 블랙·그린 올리브,
페타를 넣고 만들어놓은 드레싱을 뿌린다.
3. 다 만든 후에 이탈리아 파슬리를 약간 뿌린다.

toasted cheese with orange marmalade

토스트 치즈 샌드위치

재료

4cm 두께로 자른 우유 식빵 1장

버터 약간

오렌지 마멀레이드 약간

체다 치즈크림

(체다 간 것 ½컵, 사워크림 ¼ 컵, 디종 머스터드 1작은술, 소금·후춧가루 약간씩) 약간

만드는 법
----

1. 4cm 정도로 두툼하게 자른 우유 식빵을 반으로 잘라 한 면에 분량대로 만들어놓은 체다 치즈크림을 듬뿍 바르고 나머지 식빵을 올린다.
2. 중간 불에 프라이팬을 예열한 후 버터를 넣고 버터가 거의 녹았을 때 ①의 빵을 넣은 다음 양면이 골고루 바삭해질 때까지 굽는다.
3. 팬에서 꺼내 대각선으로 자른 후 기호에 따라 빵 위에 마멀레이드를 살짝 발라 먹는다.

Tip _ 기호에 따라 체다 대신 다른 치즈를 이용해도 좋고, 사워크림의 시큼한 맛이 싫다면 사워크림의 양을 줄이고 그만큼 마스카포네나 리코타를 넣어도 좋다. 뜨겁게 먹어야 제맛이 난다.

grilled cheese
그릴드 치즈 샌드위치

재료

건포도빵 4장
미몰레트 적당량(빵을 구웠을 때 녹아 흐를 정도의 양)
에담 적당량

만드는 법
----

1. 건포도를 넣은 달콤한 빵에 미몰레트와 에담을 각각 갈아서 올리고,
빵을 덮은 후 달군 팬에 올려 치즈가 녹을 때까지 구운 다음
먹기 좋게 슬라이스해서 먹으면 된다.

Tip _ 추운 날 오후 간식으로 그만인 샌드위치다. 체다, 고다도 잘 어울린다. 한 종류보다 두 종류를 혼합해 먹으면 더욱 맛
있다. 건포도나 크랜베리처럼 달콤한 건과일이 박힌 빵이 특히 잘 어울린다. 파니니 기계에 눌러 구워도 좋다.

salame and rucola panini

살라미와 루콜라를 얹은 파니니 샌드위치

재료

치아바타 1개
얇게 썬 살라미 6~8장
양송이 3개
블랙 올리브 3~4개
하바티 1~2장
루콜라 약간
적양파 약간
머스터드 마요네즈 1작은술

살라미와 루콜라를 얹은 파니니 샌드위치 만드는 법
----

1. 말랑말랑한 치아바타(혹은 자파타)를 반으로 갈라
한쪽 면에 머스터드 마요네즈를 펴 바르고 적양파와 살라미, 양송이, 블랙 올리브를 적당히 올린다.
2. 얇게 썬 하바티를 적당한 크기로 잘라 골고루 배치한다.
3. 치아바타를 덮은 후, 달군 파니니 기계에 넣고 노릇해질 때까지 굽는다
(샌드위치를 살짝 열어 치즈가 어느 정도 녹았을 때 꺼내면 딱 좋다).
4. 샌드위치를 꺼내 준비해둔 루콜라를 적당량 넣은 후 먹기 좋게 자른다.
살라미의 매운맛 정도에 따라 루콜라 양을 조절한다.

pan-fried ham and local cabbage

구운 햄과 볶은 배추 샌드위치

재료

잡곡빵 2장
햄 1~2장
0.5cm 두께로 썬 마늘 3~4조각
배추 약간
디종 머스터드 약간
올리브 오일 약간
소금·후춧가루 약간씩

만드는 법
---

1. 빵은 토스터나 팬에 굽는다.
2. 중간 불에 달군 팬에 햄을 살짝 구워 준비해놓는다.
3. 팬에 올리브 오일을 두르고 마늘이 갈색이 날 때까지(마늘 향이 오일에 밸 때까지) 볶다가 잘게 썬 배추를 넣고 숨이 죽을 정도까지만 센 불에 살짝 볶아 소금과 후춧가루로 간한다.
4. 구운 빵 위에 디종 머스터드를 살짝 바르고 위에 준비한 재료를 햄, 배추, 마늘 순으로 올린다.

grilled vegetables with baba ghanoush

바바 가누슈를 곁들인 그릴드 채소 샌드위치

재료
- -

피자 도 1개
익힌 이집트콩(칙피) 10~15개
방울토마토 3~4개
마늘 4~5쪽
그린 빈스(껍질콩) 4~5개
올리브 오일 약간
소금·후춧가루 약간씩
로즈메리 약간
바바 가누슈 2~3큰술(만드는 법 023p 참조)

만드는 법
- -

1. 피자 도를 반으로 잘라 빵 한쪽에 만들어놓은 바바 가누슈를 적당히 바른다.
2. 팬에 올리브 오일을 넉넉히 두르고 0.7~0.8cm 두께로 썬 마늘을 볶다가 로즈메리를 넣고 소금으로 간한다.
3. 이집트콩, ¼등분한 방울토마토, 그린 빈스를 넣고 살짝 볶은 후 불을 끄고 후춧가루를 뿌린다.
4. 바바 가누슈를 바른 빵 위에 볶은 채소를 올리고 오픈으로 먹는다.

beverage story

샌드위치의 청량제, 음료

즉석에서 만들어 따뜻하게(또는 파니니처럼 뜨겁게) 제공되는 구어메이 샌드위치에는 우유나 과일 주스 등 텁텁한 음료보다는 맑고 투명한 음료가 잘 어울린다. 올리브, 프로슈토, 치즈 등의 재료를 넣은 샌드위치 라면 와인하고 잘 어울릴 수 있을 것이다. 커피와 함께 먹기도 하지만 커피는 음식을 먹은 후 깔끔하게 마무리하는 디저트에 가깝다. 그래도 커피 생각이 간절하다면, 샌드위치를 다 먹은 후에 신선한 커피를 따로 마실 것을 권한다. 그러면 샌드위치와 커피 각각의 차별적인 맛을 최대한 즐길 수 있을 것이다.

오렌지에이드(orangeade)

오렌지 주스에 사이다 또는 토닉워터를 5:1 비율로 혼합해 만든다.
약간의 샴페인을 추가해 가벼운 벅스피즈(bucks fizz)로 만들어 즐겨도 좋다.

아이스티(ice tea)

홍차, 잉글리시 브렉퍼스트, 얼그레이, 다르질링 같은 블랙티(티백 형태)를 찬물에 우려내 레몬 조각을 띄운다.
물 양은 취향대로 자유롭게 한다.

레모네이드(lemonade)

레몬 2개로 짠 레몬즙에 설탕 1작은술, 사이다 혹은 토닉워터 130ml, 생수 100ml를 넣어 잘 혼합한후
얇게 자른 레몬 4~5조각을 띄운다.

shop information

샌드위치와 어울리는 빵, 어디에서 구할까?

*소개된 빵집의 빵맛도 훌륭하지만, 가까운 동네 빵집에서 구할 수 있는 갓 구운 빵이라면 무엇이든 좋다. 우유식빵에서부터 다양한 잡곡빵까지 두루 눈여겨 보면 좋을 것이다.

르 알라스카(LE ALASKA) | 압구정, 가로수길

르코르동블뢰와 도쿄제과학교 출신의 젊은 파티시에들 만드는 프랑스 빵 전문점으로 프랑스, 캐나다, 호주 등에서 가져온 밀과 우리밀을 블렌딩한 반죽을 사용하는 것으로 유명하다. 페이스트리와 크루아상이 인기 메뉴지만 기본 빵 종류도 다양하고 맛도 좋다.

압구정 | 서울시 강남구 신사동 653-9 | 02-516-5871
가로수길 | 서울시 강남구 신사동 550-22 | 02-545-5872
www.lealaska.com

레트로오븐(Retrooven) | 논현동

'건강한 아침 식사용 빵 만드는 곳'이라는 콘셉트로 소화가 잘되고 질리지 않는 빵을 주로 판매하는 곳이다. 캐나다산 밀가루와 발효 버터를 이용하고, 장시간 저온 숙성을 해서 건강 빵을 만든다. 통밀 식빵과 크루아상이 인기 메뉴이다.

서울시 강남구 논현동 254-22 대부빌딩 1층 | 02-544-9045
club.cyworld.com/retrooven

뺑드빠빠(PAIN DE PAPA) | 가로수길

가로수길 한쪽에 자리한 '아빠가 만들어준 빵'이라는 이름의 작은 빵집. 유기농 밀가루 등 좋은 재료를 고집해 소화가 잘되는 건강 식사 대용 빵 위주로 판매하고 있다. 바게트, 치아바타, 독일식 프레첼 등이 인기다.

서울시 강남구 신사동 548-5 현대빌딩 106 | 02-543-5232

라틀리에 모니크(L'Atelier Monique) | 청담동

일본의 제빵 명인 스기야마 히로하루가 만든 달지 않고 담백한 일상의 빵을 맛볼 수 있는 곳. 최소한의 이스트를 사용하고 일체의 화학 첨가물을 쓰지 않으며 저온 숙성으로 오래 발효시켜 빵을 만든다. 파, 들깨, 미숫가루, 견과류와 크랜베리 등 독특하고 몸에 좋은 재료를 사용한 빵이 많다.

서울시 강남구 청담동 80-21 주경빌딩 1층 | 02-549-9210
blog.naver.com/labmonique

더 반 베이크 스튜디오 & 카페 (THE BARN bake studio & cafe) | 신사동

동아원 제분연구소와 함께 밀가루 등 기본 재료를 연구해 빵과 과자를 개발하는 곳으로, 자체 개발한 밀가루에 수제 건포도 효모종을 사용해 빵을 발효시킨다. 감자 치아바타, 크랜베리 캄파뉴 등 식사 대용으로 훌륭한 다양한 빵을 판매하고 있다.

서울시 강남구 신사동 634-1 포도프라자 4층 | 02-6912-7577
www.thebarnbake.com

파리크라상 반포서래마을점 | 반포 서래마을

'서울 속의 프랑스'라 불리는 서래마을에 위치한 이곳은 파리크라상 지점 중 가장 많은 종류의 빵을 구비했으며, 밀가루를 비롯한 주요 재료를 프랑스에서 공수해 사용하고 있다. 프랑스 인들도 인정하는 다양한 종류의 정통 프랑스 빵을 맛볼 수 있는 곳으로 소문난 곳이다.

서울시 서초구 반포동 95-9 | 02-3478-9139

패션 파이브(Passion 5) | 이태원

SPC그룹의 프리미엄 브랜드로 1층은 디저트 카페, 2층은 레스토랑으로 운영한다. 케이크, 마카롱, 초콜릿 등 디저트 메뉴로 유명하지만 잡곡빵 등 식사 대용으로 먹을 수 있는 빵 종류도 다양하게 구비되어 있다.

서울시 용산구 한남동 729-74 | 02-2071-9505

브레드 05(BREAD 05) | 홍대

막걸리로 발효시킨 주종, 쌀로 발효시킨 호시노종, 호밀 가루로 발효시킨 사워종, 레몬종, 건포도종 이렇게 다섯 가지 천연 효모를 이용해 5일 동안 발효시켜 건강 빵을 만드는 곳으로 유명하다. 앙버터, 치즈프랑스가 인기 메뉴이며 바게트, 치아바타, 포카차 등도 인기다.

서울시 마포구 서교동 408-25 | 070-7656-9905

더 베이커스 테이블(The Baker's Table) | 이태원

3대째 빵을 만들고 있다는 독일인이 운영하는 작은 빵집으로, 흔히 맛보기 어려운 정통 독일 빵을 먹을 수 있으며, 우유, 버터, 달걀을 넣지 않은 채식주의자들이 환영할만한 빵도 많이 있다.

서울시 용산구 녹사평대로 244-1 1층 | 070-7717-3501
http://blog.naver.com/mirabakery

퍼블리크(PUBLIQUE) | 홍대

상수동 주택가에 자리한 퍼블리크는 정통 프랑스식 레시피를 이용해 만드는 식사 대용 빵과 디저트로 유명하다. 밀가루도 프랑스에서 직접 공수해 사용하며 천연 발효종으로 장시간 발효시켜 만든다. 통밀과 호밀을 넣은 빵 퍼블리크, 100% 호밀빵 세이글 퍼블리크, 치즈 바게트, 루스틱 퍼블리크 등이 인기다.

서울시 마포구 상수동 311-1 | 02-333-6919

트레비아(Trevia) | 이태원

이태원에 위치한 이탈리언 레스토랑으로 피자나 파스타를 시키면 나오는 식전 빵인 천연 효모로 발효시켜 만든 포카차와 치아바타가 맛있기로 유명하다. 빵만 따로 구입할 수 있다.

1호점 서울시 용산구 이태원동 128-15 | 02-795-6004
2호점 서울시 용산구 이태원동 557 | 02-794-6003
http://cafe.naver.com/trevia/

브레드 랩(Bread Lab.) | 여의도

'맛있고 건강한 빵을 연구한다'는 콘셉트의 베이커리 카페로, 일체의 화학 첨가물을 사용하지 않고 빵을 만드는 곳이다. 가장 유명한 빵은 우유 크림빵이며, 통밀 바게트와 치아바타도 인기 품목이다.

서울시 영등포구 여의도동 13-25 | 02-782-0501

오월의 종(May Bell Bakery) | 이태원

외국인들에게 더 인기가 좋다는 이태원의 작은 빵집. 천연 효모를 사용해 오래 숙성시킨 반죽으로 만든 호밀빵과 무화과빵이 인기 메뉴이며, 단맛이 없는 담백한 빵 위주로 판매한다. 하루에 한 번 빵을 만들고 다 팔리면 문을 닫기 때문에 일찍 서두르는 것이 좋다.

서울시 용산구 한남동 737-2 1층 (백목빌딩 1층) | 02-792-5561

브라운 브레드(Brown Bread) | 이대 앞

이대 앞 신촌기차역 앞 거리에 있는 작은 빵집이다. 테이크아웃만 가능하며 시간대별로 굽는 다양한 식사 대용 빵이 있다. 12시부터 7시까지만 판매하니 빵을 구입하려면 서두르는 것이 좋다.

서울시 서대문구 대현동 27-46 | 070-8658-1236

샌드위치에 넣는 이국적인 재료, 어디서 구할까?

딘앤델루카(DEAN & DELUCA) | 신세계 강남점

미국 뉴욕의 작은 가게에서 시작해 전 세계 18개 매장을 운영하고 있는 프리미엄 푸드 부티크 매장. 리테일 숍에서 다양한 오일, 천연 소금, 페스토, 허브류, 치즈, 햄 등 서양 고급 식재료를 구입할 수 있다. 베이커리에서 각종 건강 발효 빵과 식사 대용으로 먹을 수 있는 빵도 만날 수 있다.
서울시 서초구 반포동 19-3 신세계백화점 강남점 지하 1층
02-3479-1607

해든 하우스(Haddon Supermarket) | 옥수동

각종 수입 식재료와 식료품을 파는 곳으로 아티초크 등 쉽게 접하기 힘든 외국의 채소와 과일류, 로즈메리, 바질, 딜, 민트 같은 생 허브도 구입할 수 있다.
서울시 성동구 옥수동 220-1 한남하이츠아파트 상가 지하 1층
02-2297-8618

포린 푸드 마트(Foreign Food Mart) | 이태원

이태원에서 아주 유명한 마트로 인도나 동남아 지역의 다양한 향신료와 소스부터 이슬람식으로 도축한 고기인 할랄푸드, 중동식 빵까지, 동남아와 아랍의 식자재를 구입할 수 있다.
서울시 용산구 이태원동 137-8 정은빌딩 1층 2호
02-793-0082

내쇼날 푸드 마트(National Food Mart) | 이태원

이태원 이슬람 사원 근처, 포린 푸드 마트 바로 건너편에 오픈한 식자재 전문점으로 전 세계의 다양한 식자재를 구할 수 있다. 포린 푸드 마트와 마찬가지로 외국인으로 구성된 직원들의 한국어 솜씨가 뛰어나니 모르는 것이 있으면 주저하지 말고 질문해보자.
서울시 용산구 이태원동(포린 푸드 마트 길 건너편)
02-792-0786

하이 스트리트 마켓(High Street Market) | 이태원

소스류, 통조림류, 치즈, 와인, 고기, 햄, 과자, 수제 잼 등 외국 식자재 특히 미국의 식자재를 손쉽게 한곳에서 구할 수 있다.
서울시 용산구 한남동 737-24 2층 | 02-790-5450

* 서양, 동남아시아 등의 기본적인 식자재는 백화점 수입 식품 코너나 코스트코 같은 대형 마트, 인터넷을 통해서도 비교적 쉽게 구할 수 있다.

The Bar-dopo

더바도포

예술의전당 근처 골목 안에 샌드위치와 가벼운 이탈리아 음식을 갖춘 더바도포는 눈에 띄지 않는 카페테리아와 다름없어 보이는 작은 식당이다. 그렇지만 국내의 미식가들 사이에서는 물론이고 한국을 방문하는 유수한 예술가들 사이에서 명성이 자자하다.

The Bar-dopo의 'dopo'는 'after'에 해당하는 이탈리아 어로, 주문한 후(after)에 만들기 시작하는 더바도포 샌드위치를 상징하기도 하지만, 하루의 일과를 끝낸 후(after), 공연이나 전시를 관람한 후(after), 맛있는 음식과 함께 편안한 담소를 나누는 장소로 이용되기를 바라는 마음에서 붙인 이름이다.

계절에 따라 2~3가지 다른 샌드위치 메뉴를 선보이고 있으며 식사 메뉴로는 샐러드, 피자, 파스타가 있고, 와인과 함께 즐길 수 있도록 치즈 플래터, 해산물탕, 비스테카 등이 준비되어 있다.

한 가지 더 살짝 귀띔해준다면 티라미수와 레모네이드 때문에 먼 거리를 마다하지 않고 찾아오는 마니아 고객이 꽤나 많다. 간결한 메뉴지만 각기 개성과 내공을 갖춘 메뉴들이다. 고객의 성향과 연령층이 매우 다양하다는 점이 더바도포만의 특징이라 할 수 있는데, 데이트를 즐기는 젊은이들은 물론이거니와 은사와 제자, 할머니 할아버지, 수다 모임을 즐기는 '아저씨'들, 아기를 동반한 신혼부부, 회식하는 직장인들, 베를린 필하모니 단원이나 국내외 유명 예술가들이 더바도포에서 즐기는 다양한 모습이 언제나 자연스럽다. '더바도포스럽다'라는 것이 있다면 바로 이런 점일 것이다.

요리하는 현장과 손님들의 테이블이 구분되어 있지 않고, 주방 뒤편에서 설거지를 하는 소리가 들리는 선술집 같은 식당에 가깝다. 여러 명이 함께 가운데 긴 테이블을 이용하려면 예약이 필수다. 샌드위치와 피자는 포장도 가능하다. 50여 종의 와인이 준비되어 있고, 주말과 휴일 점심을 위한 별도의 브런치 메뉴가 준비되어 있다.

주소 서울특별시 서초구 서초3동 1475-5, 성원빌딩 1층(서초구 반포대로 5길 4)
전화 02-583-5831
위치 예술의전당 근처, 서초케이블 건물 뒤
  (코스모스 악기점에서 예술의전당 방향으로 10m 지점, SC은행 골목 안으로 들어와 곧바로 좌회전)
영업시간 월   5:00pm ~ 10:30pm
  화~금   11:45am ~ 11:45pm(3:00pm ~ 5:00pm 휴식 시간)
  토   11:45am ~ 11:45pm
  일(공휴일) 11:45am ~ 10:00pm
주차 저녁 시간대와 주말 주차만 가능(평일 점심시간에는 주차 불가)

단골의 한마디

리처드 용재 오닐(Richard Yongjae O'neill)
재미 비올리스트, 앙상블 디토(Ditto) 예술 감독,
링컨센터 체임버뮤직 소사이어티 멤버, 도이치 그라모폰 솔로 앨범 발매

늘 연주 여행을 다녀야 하는 음악가 인생의 하이라이트는 단연 '맛있는 음식'이다. 세계의 유명 도시에서 맛있는 음식을 즐기는 것이 당연한 일인 듯 되어버렸다. 더바도포(The Bar-dopo)는 단연코 내가 가장 좋아하는 식당 중 하나이다. 그곳에서 우리 시대 위대한 동료 예술가들과 함께 근사한 음식을 즐기며 여러 가지 추억을 만들었다. 메뉴의 간결함, 음식의 퀄리티, 캐주얼하면서도 쿨한 더바도포는 서울을 방문할 때면 꼭 들러야 하는 나의 '머스트-고 플레이스'다.

The highlight of a traveling musician's life is great food. I am spoiled to live and visit some of the great food capitols of the world. The Bar - dopo by far is one of my favorites with many great memories of delicious food with many of the greatest artists of our time. The simplicity of the menu and the quality of the food as well as the casual but cool atmosphere make it a must-go-to-place!

전진희
팟캐스트 <전진희의 음악일기> 진행자,
네이버 블로그 '전진희의 음악일기' 운영

손을 호호 불며 뿌옇게 서리가 낀 더바에 들어서던 고등학교 3학년 겨울부터 더바도포에 다녔으니 벌써 6년째 단골이다. 갓 나온 샌드위치 한 조각을 베어 물면 마치 악보의 음표가 살아나 아름다운 음악으로 바뀌듯 입안 가득 맛있는 '맛의 작품'을 만들어놓는다. 그리고 한 가지 더, 더바도포에는 다른 레스토랑처럼 으리으리한 인테리어 소품이 없다. 허전할 만큼 여유로운 공간이 오히려 멋스럽고 언제가도 변함없는 분위기라 좋다. 그래서인지 더바도포를 찾으면 엄마가 기다리는 집에 들어서는 것처럼 언제나 편안하다. 더바도포 샌드위치의 엄청난 내공은 해외에 가서 샌드위치를 사 먹으면서 확인할 수 있었다. 더바도포 샌드위치가 최고다!

폴 매슈스 Paul Matthews
영국 출신 연극배우 겸 연출가, 푸드 코멘테이터,
블로그 '폴아저씨닷컴(www.paulajosshi.com)' 운영

(여러 다양한 음식점을 다니는) 내가 줄곧 다시 가고 싶은 작은 식당이 하나 있다. 갈 때마다 맛을 보장받는 이곳, 더바도포의 환영받는 손님이 되어 문을 들어서고 뚱뚱해진 배와 함께 만족한 미소를 지으며 나올 때까지, 최상의 샌드위치부터 맛이 뛰어난 스파게티에 이르기까지 무엇을 택하든 몸과 마음이 충족되는 기분을 느낀다. 더바도포는 내 마음과 내 배 속에 매우 특별한 자리를 차지하고 있다.

There is one place in Seoul that I keep coming back to, one small restaurant where I know I am guaranteed a great experience every time. At the Bar-dopo you are welcomed with open arms and you leave with a full belly and a satisfied smile on your face. From the superb sandwiches to the superlative spaghetti; whatever your taste you will be able to find something that will satiate your soul. The Bar-dopo holds a special place in my heart and my stomach.

special thanks to...

2002년 첫 번째 출간한 샌드위치 책이 인연이 되어 더바도포 스태프로 합류한 김희진 양이 이번 책을 준비하는 데 가장 든든한 '빽'이 되어주었다. 촬영 현장에서 샌드위치 만드는 일을 맡아준 것은 물론이고 새롭게 소개하는 여러 이국적인 샌드위치를 개발한 진짜 주인공이기 때문이다. 전 세계의 온갖 식료품 맛보기가 취미이고 직접 만들어보기가 특기인 김희진 양 '때문에' 샌드위치 만들기 10년 차에 이르는 오늘도 나는 좀처럼 타성의 안락함에 빠질 수가 없다.

나 자신이 요리책을 종종 찾아보는 터라 저자의 입장보다는 독자의 입장에 처하게 되는 것이 대부분이다. 요리책에서 감동을 받는다면 그건 그럴듯한 레시피도, 기발한 아이디어도 아닌 '사진'으로부터다. 럭셔리하거나 예쁘게 보여주는 사진 말고 '좋은 사진' 말이다. 음식이 갖고 있는 특징을 잘 보여주면서 동시에 먹고 싶어 미치게 만들고 해보고 싶어 안달이 나게 하는 사진 말이다. 프레임 스튜디오 박건주 실장이 촬영 첫 컷부터 바로 그런 사진을 찍어준 덕분에 사진을 구경 하느라 촬영 내내 저자로서 갖게 되는 '무거움'을 깜박할 뻔하였으니…. 이 책을 보고 "와우!" 한다면 사진 덕분이다. 조명 판을 들고 적재적소에 빛을 밝혀준 어시스턴트 구은미 양에게 이번 촬영이 기억에 남는 일이 되었으면 좋겠다.

나에게 출판 세계는 낯설기만 한 곳이다. 모두가 디자인하우스의 출판부처럼 팀워크와 유머가 만발한 곳일까? 김은주 편집장, 전은정 팀장, 김희정 디자이너 사이에 나도 끼고 싶다. 대한민국에서 학창 시절을 보내면서 당일치기, 초치기 등 온갖 것을 겪을 만큼 겪은 인물이라 해도 저자가 된다는 건 모든 프로세스의 구심점이 되어야 한다는 중압감에서 벗어나기 어려운 노릇이다. 이 책은 처음에 단순한 개정판을 만들려고 시작되었다. 하지만 그 계획이 수정되면서 디자인하우스 출판부는 바라던 사진작가를 섭외해주고, 더바도포의 영업 스케줄에 맞춰 진행 일정도 잡아주고, 촬영 현장에서 스타일링과 기록 작업까지 모든 것을 맡아주었다. 이들이야말로 "No!"라고 말하는 법이 없는 샌드위치의 매력을 그대로 닮았다.

이들 모두에게 감사드린다.

+ 지난 3개월 동안 책 준비를 위해 샌드위치 주방은 물론이고 피자 주방에서 파스타 주방에 이르기까지 더바도포의 모든 곳을 마음껏 어지를 수 있도록 협조해준 더바도포의 모든 스태프들에게도 고마운 마음을 전한다.

+ 10여 년만에 새 책을 출간하게 되었다. 첫 번째 책을 출판했던 경험이 없었다면 아마 엄두를 내지 못했을 지도 모르겠다. 더바도포 초창기 시절, 그리고 첫 번째 책을 출간할 당시 내가 던진 많은 질문에 친절한 도움과 협력을 아끼지 않았던 루이즈 킨레드(Louise Kindred) 씨께도 감사의 말을 전한다.

아이 엠 샌드위치

민현경 지음

1판 1쇄	펴낸날 2012년 4월 10일
1판 2쇄	펴낸날 2012년 6월 30일

펴낸이	이영혜
펴낸곳	디자인하우스
	서울시중구 장충동2가 162-1 태광빌딩
	우편번호 100-855 중앙우체국 사서함 2532
대표전화	(02) 2275-6151
영업부직통	(02) 2263-6900
팩시밀리	(02) 2275-7884, 7885
홈페이지	www.design.co.kr
등록	1977년 8월 19일, 제2-208호

편집장	김은주
편집팀	장다운, 전은정
디자인팀	김희정, 김지혜
마케팅팀	도경의

사진	박건주(프레임스튜디오), 어시스턴트 구은미
요리	김희진(더바도포)

영업부	김용균, 오혜란, 박예지
제작부	이성훈, 민나영
교정교열	이정현
출력인쇄	신흥 P&P

Copyright ⓒ 2012 by 민현경

이 책은 (주)디자인하우스의 콘텐츠로 출간되었으므로 이 책에 실린 내용의 무단 전재와 무단 복제를 금합니다.
(주)디자인하우스는 김영철 변호사·변리사(법무법인 케이씨엘)의 법률 자문을 받고 있습니다.

ISBN 978-89-7041-581-9
가격 13,000원